신랑을 기다리는 신부처럼

신랑을 기다리는 신부처럼

발행일	2023년 1월 31일

지은이	김태완		
펴낸이	손형국		
펴낸곳	(주)북랩		
편집인	선일영	편집	정두철, 배진용, 김현아, 윤용민, 김가람, 김부경
디자인	이현수, 김민하, 김영주, 안유경	제작	박기성, 황동현, 구성우, 권태련
마케팅	김회란, 박진관		
출판등록	2004. 12. 1(제2012-000051호)		
주소	서울특별시 금천구 가산디지털 1로 168, 우림라이온스밸리 B동 B113~114호, C동 B101호		
홈페이지	www.book.co.kr		
전화번호	(02)2026-5777	팩스	(02)3159-9637

ISBN	979-11-6836-697-8 03230 (종이책)	979-11-6836-698-5 05320 (전자책)	

(주)북랩 성공출판의 파트너

북랩 홈페이지와 패밀리 사이트에서 다양한 출판 솔루션을 만나 보세요!

홈페이지 book.co.kr • **블로그** blog.naver.com/essaybook • **출판문의** book@book.co.kr

---

작가 연락처 문의 ▶ ask.book.co.kr

작가 연락처는 개인정보이므로 북랩에서 알려드릴 수 없습니다.

심판의 때를 대비해 성령으로 충만하여 준비하라

신랑을 기다리는 신부처럼

김태완 지음

코로나(2019년 12월 19일 중국 우환에서 발생) 팬데믹으로, 그동안 교회의 모든 모임은 3년 가까이 정상 예배를 회복하지 못했을 뿐 아니라, 수많은 교회들이 폐쇄되었다. 교회의 어떤 형제들은 코로나19가 세상을 향한 하나님의 징계라며, 국가와 사회의 여러 가지 비정상적인 현상들을 비난하고 성토하기도 한다.

그러나 더 중요하고 시급한 사실은 코로나19가 하나님의 징계이든 아니든, 그 원인을 세상 탓으로 돌릴 것이 아니라, 이 기회를 통하여 교회가 새롭게 변화되는 계기로 삼는 것이 교회의 올바른 자세일 것이다. 왜냐하면 교회가 지금까지, 하나님을 어떻게 섬겨왔는지를 되돌아보면 알 수 있기 때문이다.

세상이 교회를 향해 비난하는 것들 중에는 오해의 소지가 되는 것들도 많다. 그럼에도 교회는, 세상이 오해하는 그 불신들을 해소하도록 변화되어야 한다.

교회는 그동안 기회 있을 때마다, 세상이 "부패하고 타락했다"고 외치며 세상을 향해 심판을 경고했다. 그리고 지금도 여전히 그 심판의 경고는 세상을 향하여 진행되고 있다. 그러면서도 교회는 아이러니하게도, 세상의 여러 가지 일그러진 모습들을 그대로 흉내 내며, 때로는 한 발 더 나가는 이해하기 힘든 모습을 연출하기도 했다.

이는 세상이 추구하는 목적과 가치를, 교회의 목적과 가치로 혼동하기 때문에 생기는 과오이다. 교회는 이제 더 이상, 세상의 잘못된 관행들을 따라 하거나 흉내 내지 말아야 한다. 그리고 세상을 변화시키려 하지도 말아야 한다. 교회는 이미 오래전에, 세상을 변화시킬 능력을 상실했기 때문이다. 이처럼 어려운 때를 당하여, 교회는 교회의 일그러진 자화상을 정확히 바라보고, 심각한 경각심을 갖고 깨어서 회개하는 자정의 기회로 삼아야 한다.

3.4% 염분이 그 많은 바닷물의 부패를 막아 내듯이, 교회가 하나님 말씀에 온전히 순종해서 변화될 때, 세상도 그에 따라 변화될 것이다. 그런 의미에서 교회 공동체 구성원들 각자는 세상에 나가 빛과 소금이 되어야 한다. 입술로는 하나님의 진리를 말하면서 그 말씀이 일상생활에서 지켜지지 않는 것은, 신앙생활이 아니라 단지 종교 행위에 지나지 않는 것이기 때문이다.

신랑을 기다리는 신부처럼

교회가 새롭게 변화되는 것은 여러 가지 관점이 있겠지만, 그중에도 중요한 것은 마지막 때 있을 심판의 교훈을 바르게 깨닫고 준비하는 것이라고 생각한다. 이에 대한 바른 이해와 믿음이 없으면, 세상이 추구하는 복을 마치 신앙의 복으로 착각하고 타락의 길로 빠질 수밖에 없기 때문이다.

마지막 때 있을 심판의 교훈이 교회에게는 과속으로 달리는 자동차의 브레이크와 같고, 또 망망대해를 항해하는 배의 나침반과도 같다 할 것이다. 본서가 이 심판의 교훈을 바르게 이해하고 믿게 하는 길잡이가 되기를 간절히 소망한다.

2022년 12월

목사 김혀완

차례

노아 시대에 물이 온 땅을 덮음(홍수심판)으로 인류가 멸망한 것 같이, 마지막 때에는 천국 복음이 온 세상 끝까지 전파되어, 그 동일한 하나님의 말씀으로 심판의 종말을 맞을 것이다.

이 심판의 날이 가까워질수록 세상이 자랑하는 가치들은 교회 공동체 안으로 점점 더 많이 유입될 것이며, 이로 인해 하나님 말씀의 권위는 도전에 직면하게 될 것이고, 복음의 능력은 약화되어 교회의 질서는 심각하게 어지러워질 것이다.

막13:14에서는 마지막 때가 가까워지면, 멸망의 가증한 것이 서지 못할 거룩한 곳에 서서 하나님의 진리의 말씀보다 세상이 추구하는 가치를 더 우선시할 것이라 했다. 이로 인하여, 사람들의 마음과 양심이 더러워져서(육신의 욕망) 입술로는 하나님을 말하면서도, 그 행위로는 진리의 말씀을 부인하고 복종하지 않을 뿐 아니라, 모든 믿음의 일을 버릴 것이다.

혼인날을 위해 아무것도 준비하지 않는 신부는 없는 것처럼 마지막 그날, 공중에 오실 주님을 맞이 하기 위해서는 누구든지 육신의 장막을 입고 있는 동안 어제나 오늘이나 그리고 내일도 변함없이 주님을 사모하고 소망하며 그날을 준비해야 한다.

본서 제1~2장은 마지막 때에 주님의 다시 오심과 그때 있을 심판에 대하여 기술했고,

제3장은 혼인 잔치 때 밤중에 더디 오실 신랑을 맞이하기 위해, 기름을 준비한 슬기 있는 처녀(주님의 신부)와, 기름을 준비하지 않은 미련한 처녀(부정한 신부)에 대해 설명했다.

그리고 제4~5장에서는 주님 다시 오심을 준비하지 않는, 오늘날의 부정한 신부(종교인)들의 삶의 모습과 그날을 소망하고 기다리며 준비하는, 주님의 신부들에 대하여 설명했다.

끝으로 맺는말에서는 마지막 때 심판주로 다시 오실 주님을 맞이하기 위해서는, 성령으로 충만해야 그 준비를 할 수 있음에 대하여 기술했다.

코로나19로 교회 교육이 극히 어려운 이 시기에 말세를 살아가는 교회 공동체의 구성원들이 본서를 통하여 마지막 때 있을, 주님의 심판을 확실하게 깨닫고 믿어서 온전한 구원을 이루어 영생 유업을 잇는 데 작은 도움이라도 되기를 간절히 소망한다.

제1장

주님은 다시 오신다

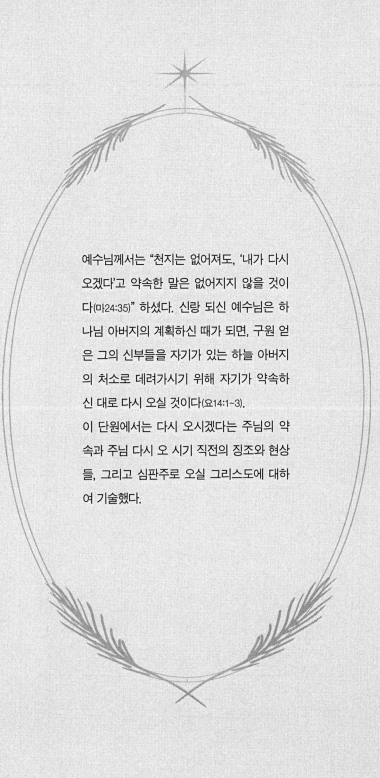

예수님께서는 "천지는 없어져도, '내가 다시 오겠다'고 약속한 말은 없어지지 않을 것이다(마24:35)" 하셨다. 신랑 되신 예수님은 하나님 아버지의 계획하신 때가 되면, 구원 얻은 그의 신부들을 자기가 있는 하늘 아버지의 처소로 데려가시기 위해 자기가 약속하신 대로 다시 오실 것이다(요14:1~3).

이 단원에서는 다시 오시겠다는 주님의 약속과 주님 다시 오 시기 직전의 징조와 현상들, 그리고 심판주로 오실 그리스도에 대하여 기술했다.

주님 다시 오심에 대한 약속과 믿음

예수님은 제자들에게, 아버지께로 가실 것을 말씀하시면서 다음과 같이 약속하셨다.

"내가 가고 없어도, 근심하지 말고 나를 믿고(데려가겠다는 약속) 기다리면, 다시 와서 너희를 데려가겠다."

요14: 1~3

1] 너희는 마음에 근심하지 말라 하나님을 믿으니 또 나를 믿으라

2] 내 아버지 집에 거할 곳이 많도다 그렇지 않으면 너희에게 일렀으리라 내가 너희를 위하여 처소를 예비하러 가노니

3] 가서 너희를 위하여 처소를 예비하면 내가 다시 와서 너희를 내게로 영접하여 나 있는 곳에 너희도 있게 하리라

과거 내가 아는 지인 중 월남 참전 용사 한 분이 있었다. 그는 너무도 가난한 집안에서 태어나, 사랑하는 여인과의 결혼을 고심하던 끝에 월남전에 지원하기로 했다. 당시 월남전에서 살아 돌아오면(만기 1년), 지방 중소도시에 집 한 채를 마련할 수 있는 형편이 되었다고 했다. 그는 사랑하는 여인에게, "반드시 돌아오겠다"며 "꼭 기다리라"는 말을 남기

고, 총알이 빗발치는 전장(청룡부대)으로 갔다.

> "월남전은 1960~1975년에 있었던 베트남 통일전쟁이다. 이는 남베트
> 남 민족해방전선이 베트남의 완전 독립과 통일을 위해 북베트남의
> 지원 아래 남베트남 정부와 이들을 지원한, 미국과 벌인 전쟁이다(인
> 터넷 지식백과 인용)."

　우리나라는 미국과의 국방동맹과 국가 경제부흥을 위한 일환으로,
미국의 요청에 의해 1차 맹호부대, 2차 청룡부대, 그다음 비둘기부대
를 파견했다.

　당시 사랑하는 외아들을 무서운 전장에 보내고 고국에 홀로 남은
한 어머니가 눈물의 세월을 보내던 중, 구사일생으로 살아 돌아온 아
들을 기뻐하며 동네잔치를 벌이는 내용을 노래한, '월남에서 돌아온 새
까만 김 상사'라는 대중가요(가수 김추자)가 1960~1970년대에 한참 인기 절
정을 누리고 있었다. 당시 유행했던 그 노래 가사 일부를 아래에 소개
한다.

> 월남에서 돌아온 새까만 김 상사
> 이제서 돌아왔네
> 월남에서 돌아온 새까만 김 상사
> 너무나 기다렸네
> 굳게 닫힌 그 입술 무거운 그 철모
> 웃으며 돌아왔네

어린 동생 반기며 그 품에 안겼네

모두 다 안겼네……(중략)

월남전은 내가 신병훈련소를 마치고 자대 배치를 받던 1972년 9월
쯤, 북월맹군이 승기를 잡고 미군이 철수하면서, 서서히 그 막을 내리
고 있었다. 전쟁이 한창이던 때는 많은 젊은이가 희생되었다. 그런데도
나의 지인은 사랑하는 사람과의 결혼을 위해 목숨을 건 전장을 택할
수밖에 없었다고 했다.

그와 혼인을 약속한 그의 신부는 "반드시 돌아오겠다"는 신랑의 약
속을 믿고 전장에 나간 신랑을 기다리며 혼인 준비를 했다. 그러나 만
일 신랑이 전장에서의 사고로 돌아오지 못했다면, 그 약속은 물론 그
신부가 준비하고 기다린 보람도, 결혼의 기쁨이나 행복도 모두가 물거
품이 되었을 것이다.

사람의 혼인 약속은 이와 같이 불확실한 미래에 대한 약속이다. 그
럼에도 나의 지인의 신부는 연약한 인간의 불확실한 미래에 대한 약속
이지만, 그 불확실한 약속을 신뢰하고 기다림으로 꿈과 같았던 그들의
약속을 이루었다.

이에 반해 주께서 "다시 오시겠다"하신 약속은 연약한 인간의 불확
실한 미래에 대한 약속이 아니라, 천지만물을 창조하시고 운행하시는
전능하신 하나님께서 약속하신 확실한, 미래에 대한 절대적인 약속이
다. 이는 전능하신 주께서 당신과 혼인을 하시겠다는 약속이다. 그러
므로 믿지 못할 이유가 없다.

만일 예수님이 "다시 오겠다"는 약속의 말씀이 말뿐이라면, 당신 인

생의 목표와 가치는 이 세상이 전부이며 끝이다. 그리고 당신의 믿음은 물론 구원도, 부활도, 영원한 천국도 없는 것이다. 그냥 이 세상에서만 잘 먹고 잘 살고, 세상 욕망을 마음껏 누리며 사는 것이 더 지혜로운 것일 것이다.

그뿐 아니라 만일 예수님이 다시 오시지 않는다면, 십사만 사천의 하늘나라 백성이 없게 되는 것이므로 하나님께서 통치하실 나라도, 백성도 없게 되는 것이다. 그러므로 주께서 "다시 오시겠다"는 약속은 하나님께나 구원 얻은 그의 자녀들에게나 반드시 이루어질 인류 종말에 있을 심판의 사건이다.

그러나 마지막 때, 자기 욕망대로 살면서 주를 믿지 않는 사람들은 말하기를, "주의 강림하신다는 약속이 어디 있느냐? 조상들이 죽은 후로부터 지금까지, 만물이 처음 창조할 때와 같이 그냥 그대로 있다"며, 주께서 "다시 오겠다" 하신 약속의 말씀을 조롱하는 자들이 있을 것이라고 성경은 말씀하신다(벧후3: 3~4).

성경이 말씀하시는 대로, 오늘날 주께서 마지막 때 다시 오실 것을 전하면, 믿지 않는 사람들은 이를 조롱하고 비웃으며, 심지어 불쌍한 듯한 눈으로 쳐다본다. 이는 하늘이 옛적부터 있는 것과 땅이 물에서 나와 조성된 것이 하나님 말씀으로 된 것(창조)임을 의도적으로 부정하려는 것이다.

오늘날도 노아 때의 사람들처럼 주께서 "다시 오시겠다" 하신 말씀이 믿기 어려운 것일 수도 있을 것이다. 그래서 하나님께서는 노아 때처럼 여러 가지 현상과 징조를 보이시면서, 이천 년이 지나도록 지금까지 주께서 "다시 오겠다" 하신 약속을 강조하시고 경고하고 있는 것이다.

마24: 35~37

35] 천지는 없어지겠으나 내 말은 없어지지 아니하리라

36] 그러나 그날과 그때는 아무도 모르나니 하늘의 천사들도 아들
　　도 모르고 오직 아버지만 아시느니라

37] 노아의 때와 같이 인자의 임함도 그러하리라

　전능하시고 거룩하신 하나님의 약속의 말씀은 그가 약속하신 대로 성경에 기록하시고, 또 많은 사람들이 그것을 믿고 있는 사실 그대로 지금까지 이루셨던 것처럼 천지는 없어져도 마지막 때, 그리스도 예수께서 심판주로 "다시 오시겠다" 하신 약속의 말씀은, 없어지지 않을 것이다.

　예수님은 제자들에게 하늘나라 아버지 집에는 구원 얻은 주님의 신부들이 거할 처소가 많다고 하셨다. 예수님은 그 처소를 준비하시기 위해서, 아버지가 계신 곳으로 가셨다. 그리고 언젠가는 그 처소가 다 준비되면 그가 약속하신 대로 그의 신부들을 데려가시기 위해 다시 오실 것이다. 당신이 주님의 신부라면 당신은 신랑이신 주님의 약속을 믿을 수 있을 것이다.

❖ 주님은 왜 더디 오실까?

　주께서는 시간과 공간에 제한을 받지 않으심으로, 하루가 천년 같고 천년이 하루 같다고 하셨다. 그러므로 주께서 "다시 오겠다" 하신 약

속은 어떤 이들이 생각하는 것같이 더딘 것이 아니다. 이는 사람이 생각하기에는 도저히 용납할 수 없는 흉악한 죄인일지라도, 하나님께서는 그들이 하나라도 멸망치 않고, 다 회개하고 돌아오기를 오래 참고 기다리시는 것이다.

그러므로 당신 주변에 원수 같은 악인이 있을지라도 '왜 그 같은 인간을 빨리 징벌하지 않느냐'고 보채기에 앞서, 그들이 회개하고 돌아오도록 복음을 전해야 하는 이유가 여기에 있다. 그러나 주의 날이 도적같이 올 것인데, 그날에는 하늘이 큰 소리로 떠나가고, 체질이 뜨거운 불에 풀어지고, 땅과 그중에 있는 모든 일이 드러나게 될 것이다.

노아 때의 사람들이 하나님의 경고로 방주를 준비하는 노아를 비웃고 조롱하며 천년만년 살 것처럼 변함없이 먹고, 마시고, 시집가고, 장가갔지만, 당시 심판을 대비한 노아의 가족 여덟 명만 구원을 얻었다. 당시의 사람들이 멸망의 심판을 경고하시는 하나님의 말씀을 비웃고 조롱하다가 홍수심판으로 온 땅이 멸망한 것처럼, 오늘날도 그때와 같이 경건치 않은 사람들은 동일한 하나님의 심판의 말씀을 믿지 않고 비웃고 있다.

여인이 잉태하면 점점 배가 불러온다. 그러나 언제 해산의 고통이 시작될지 그날과 시는 본인도 모른다. 그래서 출산 대비를 게을리하다가 일터에서, 또는 택시 안에서, 그리고 여행 중 비행기나 기차 안에서, 갑자기 해산의 고통이 임해서 출산을 하기도 한다. 잉태한 여인에게 해산의 고통이 갑자기 임하는 것처럼, 주의 날도 갑자기 임하게 될 것이라고 성경은 말씀하고 있다(살전5: 3).

물고기는 넓고 깊은 바다를 마음껏 헤엄치며 자유롭게 다니고, 공중을 나는 새 역시 끝없이 넓고 높은 푸른 창공을 거침없이 날아다닌다. 그러나 물고기가 그물에 걸려 잡혀 나오고, 공중의 새가 올무에 걸림 같이, 사람에게도 생각지 않은 재앙의 날이 홀연히 임하면, 그 환난과 고난을 피할 길이 없다.

물고기가 그물에 걸리고, 새가 올무에 걸리며, 사람에게 재앙이 홀연히 임하는 것처럼, 마지막 때 심판주로 오시는 주님도, 생각지 않은 때에 홀연히 임할 것이다(전9: 12).

하나님께서는 마지막 때, 하늘과 땅을 불사르는 멸망의 심판을 믿지 않는 자들이 멸망하게 될 그날까지 보존하여 두셨다가(벧후3: 4-7), "도적 같이 홀연히 임하게 하실 것"이라고 하셨다. 주께서 "다시 오겠다"고 약속하신 그날은 아무도 모르고, 하늘의 천사들도 아들도 모르고, 오직 아버지만 아신다고 주께서 말씀하셨다. 그러므로 평소에 미리 대비하고 있어야 한다.

주님 오실 징조와 그 현상들

예수님이 제자들과 함께 감람산에 계실 때, 제자들이 마지막 때에 일어날 징조와 현상들에 대해 물었다. 예수님은 비가 오기 직전에는 바람의 징조와 구름의 현상이 있는 것처럼, 마지막 때 주께서 심판주로 오시기 직전에는 큰 환란이 있을 것인데, 창세로부터 지금까지 이런 환란이 없을 것이고 후에도 없을 것이라 하시면서, 마지막 때 있을 하늘에서의 징조와 땅에서 있을 현상들을 다음과 같이 말씀하셨다.

마24: 29~30

29] 그날 환난 후에 즉시 해가 어두워지며 달이 빛을 내지 아니하며
    별들이 하늘에서 떨어지며 하늘의 권능들이 흔들리리라

30] 그때에 인자의 징조가 하늘에서 보이겠고 ……

마지막 때 하늘에서는 주님 오실 징조가 있을 것이다.

해가 빛을 잃고 풀어질 것이며, 달과 별들도 사라질 것이다. 하늘은 온데간데없이 사라지고, 온 우주는 처음 창조되기 전처럼 혼돈과 공허와 흑암으로 뒤덮일 것이다. 마침내 심판의 날을 당하여 하늘에서는 주님이 오실 징조가 보이고, 땅의 모든 족속은 통곡하며 주께서 정말

　신랑을 기다리는 신부처럼

로 구름을 타고 능력과 큰 영광으로, 친히 하늘 공중으로 오시는 것을 보게 될 것이다.

그때 주를 거부하고 훼방하던 자도 그를 보게 될 것이고, 땅에 있는 모든 족속들은 이로 인하여 큰 환란이 닥치므로 고통과 슬픔으로 크게 통곡하게 될 것이라면서, 땅에서 있을 현상에 대하여 아래와 같이 말씀하셨다.

마24: 5~14

5] 많은 사람이 내 이름으로 와서 이르되 나는 그리스도라 하여 많은 사람을 미혹케 하리라

6] 난리와 난리 소문을 듣겠으나 너희는 삼가 두려워 말라 이런 일이 있어야 하되 끝은 아직 아니니라

7] 민족이 민족을, 나라가 나라를 대적하여 일어나겠고 처처에 기근과 지진이 있으리니

8] 이 모든 것이 재난의 시작이니라

9] 그때에 사람들이 너희를 환난에 넘겨주겠으며 너희를 죽이리니 너희가 내 이름을 위하여 모든 민족에게 미움을 받으리라

10] 그때에 많은 사람이 시험에 빠져 서로 잡아 주고 서로 미워하겠으며

11] 거짓 선지자가 많이 일어나 많은 사람을 미혹하게 하겠으며

12] 불법이 성하므로 많은 사람의 사랑이 식어지리라

13] 그러나 끝까지 견디는 자는 구원을 얻으리라

14] 이 천국 복음이 모든 민족에게 증거되기 위하여 온 세상에 전파되리니 그제야 끝이 오리라

❖ 적그리스도의 출현(5)

주께서 오실 날이 점차 가까워질수록, 땅에서는 멸망당할 거짓 그리스도가 여기저기서 큰 표적과 기적을 보이면서, "와보라 내가 그리스도다" 하며, 마치 자기가 세상을 구할 거룩하고 신실한 하나님의 종인 양 행세하며, 하나님을 빙자해서 거짓 말씀을 선포하며 세상을 미혹할 것이라고 했다(5).

그들은 할 수만 있으면 택하신 자들도 미혹하게 할 것이므로, 이때 많은 사람들이 분별력을 잃고 우왕좌왕하게 될 것이다. 그러나 그들의 말과 표적을 믿지도 말고 따르지도 말아야 한다. 왜냐하면 하나님 나라는 사람이 볼 수 있게 여기 또는 저기로 임하는 것이 아니고, 바로 예수 그리스도를 믿는 당신 마음속에 있기 때문이다. 그러므로 당신에게 이 믿음이 있으면, 당신은 마지막 때 거짓 그리스도의 유혹에 미혹당하지 않을 것이다.

이미 오래전부터 많은 사람들이 여기 저기서 자칭 "재림 예수", "그리스도", "보혜사 성령님", "하나님 어머니", "하늘궁 하나님"이라며, 세상을 혹세무민하는 자들이 난무하고 있다. 신랑이신 우리 주께서 공중으로 강림하시기 전, 마지막 때가 가까워 질수록 더욱 그러할 것이다.

과거 30여 년 전 "다가올 미래를 대비하라"는 메시지로, 한동안 세상을 떠들썩하게 했던 종교집단이 있었다. 그들은 1992년 10월 26일에 예수님께서 재림하실 것을 극성스럽도록 열심히 전했다. 그들은 누구든지 자기들의 공동체에 속해야 십사만 사천인이 되어, 들림 받고 천국 영생을 누릴 수 있다고 주장했다.

그들은 전국 각 지부에서, 매일 밤 흰옷(흰 두루마기)을 입고 밤늦도록 예배를 드리며, 주님이 오시는 그날을 준비한다고 했다. 그들이 주장한 그날이 가까워 오자, 그들은 그날 밤 12시(자정)에 예수님이 재림하실 것이라고 했다. 그러므로 "누구든지 흰옷(두루마기)을 입고 자기들과 함께 예배를 드리고 있으면, 그날 그들과 함께 휴거(공중으로 올려감: 휴거)된다"고 주장했다.

나는 그날 밤 11시 30분경 한 형제와 함께 그들의 집회 현장에 갔다. 5층 건물 중 3~4층에서 집회를 했는데, 사람들이 너무 많아 들어가지 못하고, 문을 열어 놓은 현관 복도에서 지켜보고 있었다. 그들은 모두 흰옷(두루마기)을 입고 열심히 찬송을 하고 있었다. 내 마음 한편으로는, 만약 저들은 들림 받고 나는 남겨지면 어떻게 하지? 하는, 조금은 걱정스러운 마음도 있었다.

드디어 그들이 말하던 시간(자정)이 되었는데, 5분이 지나고 30분이 지나도 그들이 말하던 주님은 오시지 않았다. 그들이 하나둘씩 조용해지자 한 인도자가 앞으로 나와서, "오늘은 그분이 오시지 않았지만, 며칠 내로 꼭 오실 것이다"라며, 공식 집회를 종료했다. 그러나 그들은 여전히 그 자리에서 움직이지 않고, 동일하게 기도하고 있었다. 나는 '저들은 앞으로 어떻게 할까?' 하는 궁금증을 안고, 조금은 허탈한 심정으로 돌아왔다.

❖ 불법의 성행과 배도

이때 거짓 선지자들은, 표적과 이적을 행하며 불법을 행할 것이다. 그때 "보라, 그리스도가 여기 있다 저기 있다"하는, 거짓 선지자(교사)들의 미혹에 속지 말아야 한다. 그들이 도처에서 일어나 불법을 행하므로 많은 사람들이 미혹을 당해서 시험에 빠지고, 배도하게 되고, 또 서로 잡아주고 미워하게 될 것이다.

오늘날 거짓 교사들은 동일한 성경으로 예배를 드리면서도, 자신의 욕망을 채우기 위해 성경의 진리를 왜곡하고 미혹해서, 그릇된 신앙을 조장하여, 많은 사람들의 삶은 물론 가정을 파괴시키고, 사회를 혼란케 하며, 많은 해악을 끼치고 있다.

이같이 인간의 헛된 욕망에 의한 거짓 진리가 난무하면, 마치 자동차에 다른 기름을 넣어서 고장 나는 것과 같이, 사회 전반에 불신과 경계심이 조성되고, 인간관계에서 신뢰가 깨어져 사랑이 식게 된다. 이로 인해 사람들 간에 불신이 만연하고, 사랑은 점차 식고, 인심은 극도로 흉흉해질 것이다. 그러나 복음이 땅끝까지 전파되면 그제야 세상의 끝이 온다고 하셨다.

❖ 난리와 전쟁의 빈발(6, 마24: 6~8)

그때가 가까워질수록 동족 간에는 난리, 국제간에는 전쟁의 소문이 잦을 것이라 했다.

신랑을 기다리는 신부처럼

지금 세계 도처에서는 민족이나 국가 간에 정치, 경제, 이념, 문화, 사상, 신분, 빈부 등의 각종 이해관계와 차별화로 인한 갈등으로 난리와 소요가 빈번하다. 같은 민족끼리 서로 총칼로 무차별 살육을 감행해서, 수많은 사람들이 피를 흘리며 죽어 가고 있다.

국가 간에는 자국의 이익을 위해 크고 작은 충돌은 물론, 전면 전쟁도 불사하므로, 국제정세는 날로 악화되고 있다. 이로 인해 자기 나라를 떠나, 타국으로 살길을 찾아 떠나는 국제 난민이, 세계 도처에서 끊임없이 발생하고 있는 실정이다(눅21: 25).

❖ 지진과 기상이변 현상의 빈발과 대형화(7)

전 세계 도처에서는 크고 작은 자연재해가 연일 끊이지 않고 있다. 지진, 기근, 화산, 해일, 폭풍우, 태풍, 쓰나미, 토네이도 등, 인간이 지금까지 상상하거나 경험해 보지 못한, 강력하고도 특이한 각종 자연재해(마24: 7~8)와 기상 이상 현상들이 해가 갈수록 더욱 강력해질 뿐 아니라 빈발하고 있다.

창세 이래 지금까지 인간은, 땅을 의지하여 땅에서 삶의 터전을 일구어 왔다. 그런데 그 포근하고 안정적이던 땅도 이제는 세계 이곳저곳에서 지축부터 송두리째 흔들리고 터져서, 용암이 분출하여 그 불줄기가 강물처럼 흘러내리고 있다.

이로 인해 수 km까지의 산천초목이 불타고, 인근 마을과 도 시는 순식간에 화산재로 뒤덮여 하루아침에 삶의 터전이 폐허가 되어 사라지는 무서운 현상이 세계 이곳저곳에서 속출하고 있다. 인간은 이제 그 땅을 밟고 다니는 것도, 그 땅에 누워 평안히 잠을 자는 것도 불안 해하며 살아야 하는 두려움과 공포의 시대에 살고 있다.

❖ 기근과 전염병의 극심(8)

우리나라는 쌀 생산량이 너무 많아, 남는 쌀을 저장하기 위해서 해마다 150억 정도의 예산을 쓴다고 한다. 그러나 전 세계적으로는 아직도 기아에 허덕이며 굶주림으로 죽어가는 생명이 하루에도 수백 명에 이른다고 한다. 유엔의 예측 발표에 의하면, 앞으로 10년 후에는 전 세계가 식량난으로 허덕이게 될 것이라고 전망하고 있다고 한다.

또한 인간이 감당하기 어려운 새로운 전염병이 해마다 전 세계 도처에서 창궐하여, 수많은 생명이 안타깝게 희생되고 있다. 지금은 특히 전 세계가 코로나19 팬데믹으로 극심한 고통을 당하고 있다. 중국 우환에서 처음 발생(2019. 12. 19.)한 지 벌써 3년이 되었지만, 그 전파 속도가 더 빠른 상태로 변이를 거듭하며, 그 피해와 부작용은 말로 표현하기가 어려울 정도다.

코로나19 팬데믹 현상은 전 세계 사람들의 삶의 패턴을 완전히 망가트리고 있으며, 삶의 질을 떨어뜨리고 있다. 특히 소상공인들의 피해는 회복되지 못하고, 극한의 생활고에 시달리고 있는 실정이다. 앞으로 얼마를 더 지나야 종식될지, 또 얼마나 더 많은 생명이 안타깝게 희생될지, 앞이 보이지 않는 상황이다. 이런 현상은 이제 마지막 때의 시작을 알리는, 징조의 일부이다.

❖ 믿는 자들에 대한 핍박(9)

그때가 가까워질수록 바울이 되기 전 사울이 그랬던 것처럼 믿는 자들을 고발하고 색출하고 체포해서 감옥에 넘길 것이며, 온갖 박해를 가하고 죽이기도 할 것이다. 그리스도 예수 때문에 동족에게 미움을 받을 것이며, 심지어 믿는 자들도 시험에 빠져 서로 잡아 주고 미워하게 될 것이다.

❖ 교통과 지식의 발달

현대는 인간의 지식이 극도로 발달해서(단12: 4), 그 끝이 어디인지 알 수 없을 정도다. 인간 지식의 발달은 전 세계를, 의사 전달의 동 시간대에 살아가게 하는 레버리지 역할을 했다. 또한 정밀과학과 산업의 발달과 더불어 교통, 통신, 전자, 의료 등 다 방면에서, 상상할 수 없을 만큼 발달하고 또 빨라지고 있다.

최첨단 과학의 산물인 우주선(유인, 무인)이 달을 왕복하는 것은 어느덧 일상의 시대가 되었고, 인공지능의 발달로 AI가 가정과 직장과 공장은 물론 의학계, 자동차, 전자, 통신, 산업계와 경제계 등 많은 영역에서 인간을 대신하므로, 이제 인간은 많은 일터에서 그 자리를 잃어가고 있는 실정이다.

인간의 지식은 인간의 삶의 질을 더 풍성하고, 더 높게 하는 데 이용되어야 하는데, 오히려 부메랑이 되어 인간의 삶의 영역에 도전하여 고

용 창출을 가로막고, 일터에서 퇴출당하고, 심지어 인간의 피조물이 인간을 관리하고, 조정하고, 또 종속 시키는 역기능으로 작용하는 시대가 되었다. 지혜에 견제받지 않는 인간의 지식은 이렇게 많은 부작용을 낳고 있다.

에덴 동산에서의 여자가(하와)가 하나님께서 금하신 선악과를 따먹은 후 눈이 밝아져 하나님과 같이 선악을 알게 된 것처럼 마지막 때가 되면, 인간은 마침내 그 지식으로 하나님과 같아지려고 하나님께 도전하게 될 것이다.

❖ 이스라엘 독립과 귀환(사11: 1, 12, 60: 20, 렘32: 37, 마24: 32)

역사적으로 이스라엘은 약 2,500년간 국가의 주권을 빼앗기고, 전세계 각처로 흩어져 있었다. 그러다 세계 제2차 대전의 종료로, 우리나라와 함께 1948년 5월(우리나라는 8월15일)에 해방되어, 자주 국가로 독립하고 국토와 국가의 주권을 회복했다.

홍수심판 전에 하나님께서 노아에게 "살아 있는 모든 동물의 연한은 앞으로 일백이십 년이 될 것이다"고 마지막 경고를 하시면서 가시적인 경고로 방주를 지으라고 하신 것처럼 이스라엘의 독립은, 주님 다시 오실 마지막 때가 가까워졌다는 사실을 가장 확실하고 정확하게 경고하신 가시적인 현상이다.

신랑을 기다리는 신부처럼

❖ 배교 사상의 팽배

전 세계 각국에서는 하나님 말씀에 배치되는 정책들을 마구 쏟아내며 하나님의 "의"보다, "사람이 먼저"라는 인간 중심의 가치가 더 존중될 것이고, 종교계에서는 하나님 나라의 가치보다, 물질의 가치가 더 우선시 될 것이다.

지금 우리나라를 비롯한 세계 여러 선진국들은 신앙 행위(국민 기본권) 금지와 하나님을 거부하는 휴머니즘 사상 등, 성경의 사상과 가치를 부정하고, 배치되는 정책들을 연일 쏟아 내고 있다. 심지어 일부 교회 공동체에서는 세상 복락(물질의 풍요, 사회적 신분상승, 명예 등)을 신앙의 우선적 가치와 기준으로 강조하고 평가하는 경우가 종종 있는 실정이기도 하다. 이로 인해 세상 자랑거리를 얻기 위해 믿음을 버리는 배교 현상이 심각하게 나타나게 될 것(마24: 12, 딤후3: 1~8, 계13장)이라고 했다.

인류의 모든 세대를 거쳐 그 사회의 가장 기본이 되는 구성 요소는 가정이다. 가정은 온 가족이 함께 모여, 온전히 쉼과 평안과 자유를 누리며, 새로운 삶의 활력을 재충전하는 곳이다. 그런데 이제 사람이 먼저라는 미명 아래, 동성 부부와 동성 가정을 인정하는 시대가 되었고, 심지어 우리나라 정부에서는 지난해에 한 외국 대사(뉴질랜드 대사)의 동성 부부(남성 부부)를 인정하기도 했다.

동성 가정은 동성(同姓)이 부부가 되어 가정을 이루는 것으로, 인구는 자연 감소할 것이고 이들 동성 부부가 아이를 입양하여 양육하게 될 수도 있다. 이들은 인간의 존엄성을 주장하며 인종, 민족, 국가, 종교 등의 모든 차이를 초월하여, 인간이 최우선이며, 인간이 모든 것의 중심이며, 인간 편익을 목표로 삼고 인간의 편리와 안녕과 복지가 다른 모든 것에 우선한다는 사상이다.

그들은 이와 연결선 상에서 계급 없는 평등사회 건설을 주장하며, 성평등과 성소수자들의 인권을 주장하기도 한다. 그들이 주장하는 소수자의 인권도 마땅히 동일하게 보호되어야 하지만, 그러나 그 결과에 따른 여러 가지 부작용도 충분하게 대비해야 한다. 아무 대책도 없는 동성 부부나 동성 가정의 결과는 머지않아 이 사회가 여러 가지 부정적이고 심각한, 역기능의 현상들에 직면하게 될 것이다.

❖ 땅끝까지 복음 전파(14)

지금 교회의 예배는 직·간접적으로 견제 내지는 감시받고 있으며, 믿는 자들은 핍박을 받고, 선교지에서는 죽임을 당하며, 복음 전파의 극심한 방해를 받고 있다. 그러나 이런 환란에도 끝까지 믿음을 지키면 하늘의 상급이 크다고 성경은 격려한다.

머지않아 홍수심판 때 물이 온 땅을 덮음 같이, 세상을 지으신 하나님 말씀이 마침내 온 세상을 덮으면(마24: 14, 막13: 10, 롬11: 25), 세상을 덮으신 그 말씀에 의해, 인류의 종말이 올 것이라고 성경은 말씀하고 있다.

주께서 공중으로 오실 때는 먼저 믿고 잠자는 자들과 그때 살아서 믿고 있는 자들에게 "보라, 신랑이로다 맞으러 나오라"하는 호령과 천사장의 소리가 큰 나팔소리와 함께 있을 것이다. 그때 주께서 하늘 이 끝에서 저 끝까지 천사들을 보내어, 택하신 자들을 사방에서 불러 모

신랑을 기다리는 신부처럼

을 것이다(살전4: 16~17). 이때, 신랑을 사모하며 기다리던 주님의 신부들은, 이 호령과 나팔 소리를 듣고 천사들에게 인도되어, 주님이 계신 공중에서 신랑을 맞이하게 될 것이다. 그러므로 마지막 그때를 준비하기 위해 당신은 깨어있어야 한다.

혼인 잔치 비유에서, 열 처녀는 신랑이 밤중에 더디 오자 모두 졸며 자고 있었다. 오늘날도 이같이, 주님이 언제 다시 오실지 모르는, 어두운 밤중과 같은 시대이기 때문에, 평소에 주님 오실 날을 대비하는 것이 깨어있는 것이다(마25: 1~13).

심판주로 오실 그리스도

～～～～～～

❖ 하나님의 나팔 소리

옛날 우리나라 왕정 시대에 임금이 궁궐 밖으로 출타할 때는, 내금위 나졸들이 임금의 가마를 둘러싸고 호위했다. 가마 앞에서는 나팔수가 나팔을 불고, 그 앞에서는 말을 탄 호위무사가 길거리 백성들을 향하여 "물럿거라 상감마마 행차시다"라고 외친다. 길 가던 모든 백성들은 그 소리를 듣고, 즉시 땅에 엎드려 얼굴을 들지 말아야 했다.

근래 우리나라 독재정권 시절에도, 대통령이 해마다 연초에 지방 순시를 할 때면, 여러 대의 경호 차량들이 대통령의 차 앞과 뒤와 좌우에서 호위하고, 또 사이드카를 탄 수십 명의 경호 경관들이, 비상 라이트를 켜고 앞과 뒤에서 에스코트하며, 경고음을 울렸다. 그 지방에서 동원된 형사들과 경찰관들은 대통령이 지나가는 도로를 한 시간 전부터 미리 통제를 하고, 주변 건물마다 수색을 하고 경비를 서며 창문을 못 열게 했다.

오늘날은 경호가 좀 부드러워졌지만, 세계 어느 나라나 자국의 통치자에 대한 경호는 반드시 필요하다. 한 나라의 국가 안위는 바로 그 나라 국가원수인 대통령의 안위와 직결되어 있기 때문이다. 그래서 국가

원수가 출입할 때는, 항상 호위와 경호를 한다. 세상 임금이 출입할 때도 이렇게 요란하고 화려한데, 하물며 하늘과 땅을 지으시고 통치하시는, 만왕의 왕이신 우리 주님이 공중으로 오실 때는 어떠하겠는가?

살전4: 16~17

16] 주께서 호령과 천사장의 소리와 하나님의 나팔로 친히 하늘로 좇아 강림하시리니 그리스도 안에서 죽은 자들이 먼저 일어나고

17] 그 후에 우리 살아남은자도 저희와 함께 구름 속으로 끌어올려 공중에서 주를 영접하게 하시리니 그리하여 우리가 항상 주와 함께 있으리라

우주만물을 지으신 만왕의 왕이신 우리 주께서 강림하실 때는, 홀연히 하늘에서 호령과 천사장의 소리와 하나님의 나팔 소리와 함께 모든 권능을 가지고 영광 중에 하늘 공중으로 오실 것이다. 왕이신 우리 주께서는 이때, 천사들을 땅 이 끝에서 저 끝까지 보내어, 구원 얻은 그의 신부들을 공중으로 불러 모을 것이다. 그러나 만일 누구든지, 살아생전에 예수 그리스도를 구세주로 믿지 않았다면, 이때 데려감을 당하지 못한다.

그때, 그리스도 안에서 죽은 자들이 먼저 일어나고, 그때까지 살아남은 자(믿는 자)도, 순식간에 썩지 않을 신령한 몸으로 변화되어, 그들과 함께 공중으로 끌어올려, 공중에서 주를 영접하고 영원히 주와 함께 있게 된다(살전4: 13~17). 이에 대해 예수님은 마2:40 이하에서 다음과 같이 말씀하셨다.

마24: 40~42

40] 그때에 두 사람이 밭에 있으매 하나는 데려감을 당하고 하나는
　　버려둠을 당할 것이요

41] 두 여자가 매를 갈고 있으매 하나는 데려감을 당하고 하나는 버
　　려둠을 당할 것이니라

42] 그러므로 깨어있으라 어느 날에 너희 주가 임할는지

43] 너희가 알지 못함이니라 너희도 아는바니 만일 집 주인이 도적이
　　어느 경점에 올 줄을 알았더라면 깨어 있어 그 집을 뚫지 못하
　　게 하였으리라

❖ 데려감과 버려둠

마지막 때 주님이 공중에 오실 때, 두 여자가 밭갈이를 하고 있다가,
하나는 데려감을 당하고 하나는 버려둠을 당할 것이다.

두 여자가 밭갈이를 하고 있었다는 것은 그들이 평상시와 같이 생업
에 힘쓰고 있었다는 의미이기도 하다.

또 두 사람(부부)이 한방에서 잠을 자다가, 하나는 데려감을 당하고 하
나는 버려둠을 당할 것이다.

또 한 가족이 한 상에 둘러앉아 함께 식사를 하다가, 갑자기 누구는
사라지고(데려감) 누구는 남겨질 것이다.

이와 같이 마지막 때 주님 다시 오시는 날 데려감과 버려둠을 당하
는 것은, 가족도 심지어 부부도 서로 모르는 일임을 암시한다.

버려둠을 당하는 사람은, 주님이 데려갈 것을 몰랐거나, 알고도 믿지 않고 준비하지 않았기 때문이고, 데려감을 당한 사람은 언젠가는 주께서 데려가실 것을 믿고, 함께 메를 가는 사람(가족 또는 이웃)도 모를 정도로 평소 생업에 힘쓰면서 주님 맞이할 준비를 한 것이다. 데려감을 당한 그 여자는 그날도 평소처럼 밭에서 열심히 일을 하고 있었다.

도적이 어느 경점에 올지 알지 못하는 것처럼, 주님이 어느 날 어느 시에 임할는지 우리는 알지 못한다. 그러므로 데려감을 당한 여자처럼, 당신은 신랑이신 주님이 지금 오셔도 '나는 그를 맞이할 수 있다'는 믿음과 자세로, 평소에 늘 그를 맞이할 준비를 하며 살아야 한다.

위 본문에서 두 여자가 보여주고 있는 바와 같이, 주님 오실 날을 준비하는 것은 생업을 포기하고 주님의 일만 하거나, 아무 것도 하지 않고 주의 오실 날만 기다리고 매일 예배만 드리는 것이 아니다. 신랑되신 주께서 언젠가는 오실 것을 믿고, 일상 생업에 열중하면서, 평소에 그를 맞이할 준비를 해야 한다. 신랑이신 주님은 이렇게, 자신을 맞이할 준비를 하며 기다리는 신부는 데려가시고, 준비하지 않은 자는 버려두실 것이다.

데려감의 조건은 어느 한때의 믿음으로 결정되지 않는다. 이는 당신이 구원 얻는 순간부터 당신의 생애가 끝나는 그 순간까지와, 또 주님 다시 오시는 그날까지 당신의 믿음의 상태(구원의 유지: 회개의 열매)에 따라서 결정된다. 그러므로 당신이 평소에 주님 다시 오심을 믿고 준비하면, 당신은 마지막 그때 반드시 데려감을 당할 것이고, 반면 준비하지 않으면 버려둠을 당할 것이다. 누구든지 예외 없이 이 둘 중 어느 하나가 된다.

마지막 때 신랑이신 우리 주께서, 공중에 오시는 그날 그 시에, 버려둠을 당하는 사람들은 어떤 사람들일까?

성경 시49: 20에서 하나님은 선지자 이사야를 통해서, 선민 이스라엘 백성에게 "존귀(구원)에 처하나 깨닫지 못하는 자는, 멸망하는 짐승과 같다" 하셨다. 이 말씀은 하나님을 모르는 이방인에게 하신 말씀이 아니라, 하나님께 선택 받은 하나님의 백성인 이스라엘 민족에게 하신 말씀이다.

이는 오늘날 죄인을 구원해서, 하나님의 존귀한 자녀가 되게 하기 위한, 구원의 복된 말씀을 듣기만 하고, 믿지 않는 자(거듭나지 않은 교인)들에게 하신 말씀이기도 하다.

하나님께서는 그 아들 예수 그리스도의 피로 말미암아, 죄인을 "의롭다" 하시고 구원해서 자기 자녀 삼으셨다. 이는 하나님께서 죄인을 존귀하게(구원) 해서, 데려감(영생)의 영광스러운 기회를 주신 것이다. 그런데도 그 구원의 크신 은혜를 깨닫지 못하고, 구원의 말씀에 화답하지 않는다면, 이는 영생 유업을 이을 수 없으므로 멸망하는 짐승과 같다고 말씀하시는 것이다.

마지막 때 주께서 구름 타고 공중에 오실 때, 주님을 영접할 수 있는 조건이 만일 율법이나 도덕, 또는 인간의 선행이나, 교회나 사회에서의 어떤 공로에 의한다면 이는 심각한 오류이다. 데려감은 전적으로 "다시 오겠다"고 하신, 예수님의 약속의 말씀을 믿고 소망하며 준비하는, 구원 얻은 당신(성도들)에게 이루어지는 일이기 때문이다.

그러므로 데려감에 대한 확실한 믿음(구원)이 있어야, 그것을 준비하게 되는 것(열매)은 너무도 당연하다. 언제일지는 모르지만 생각지 않은 때에, 주님은 당신을 데리러 오실 것이다. 그러므로 당신은 꼭 깨어있어야 한다.

　　　　　　　　　신랑을 기다리는 신부처럼

❖ 데려감으로 인한 대혼란

마지막 때는 주께서, 그의 신부를 데려감으로 인해, 이 땅에서는 대혼란이 있을 것이다.

신랑되신 주님이 공중으로 강림하실 때, 그의 신부로 준비된 구원얻은 성도들은 각각 그들이 있는 삶의 현장에서 천사들의 인도를 받아, 주님이 계신 공중으로 홀연히 변화되어 끌어 올려 갈 것이다.

> 마24: 40~42
> 40] 그때에 두 사람이 밭에 있으매 하나는 데려감을 당하고 하나는
>   버려둠을 당할 것이요
> 41] 두 여자가 매를 갈고 있으매 하나는 데려감을 당하고 하나는 버
>   려둠을 당할 것이니라

마지막 때 주께서 그의 신부들을 데려가실 때, 이 땅에서는 수많은 그리스도인들(주님의 신부)이 그들의 집에서, 길거리에서, 일터에서, 그리고 공중에서, 산과 들과 강과 바다에서, 홀연히 사라질 것(데려감)이다. 이로 인해 온 세상에는 잃어버린 사람들로 대혼란이 일어날 것이다.

몇 년 전(2014년 4월 16일) 세월호 참사 때 어떠했는가?

인천서 제주로 향하던 여객선 세월호가 경기도 안산 단원고 2학년 학생들의 수학여행 도중, 전남 진도군 병풍도 앞 인근 해상에서 침몰하여, 탑승자 476명 중 172명만 생존하고, 304명의 어린 학생들과 선생님 몇 분이 바다에서 실종되는 대형 해상 참사가 발생했었다.

또 얼마 전(2022년 10월 29일) 서울 이태원의 핼러윈데이 축제에서, 가슴 아픈 대형 참사가 빚어졌다. 이날 오후 10시 15분경 축제를 위해 모인 인원은 대략 13만 명 정도라고 한다.

양방향의 넓은 도로에서, 이태원의 해밀톤 호텔 옆 좁은 골목의 비탈길(폭 3.2m × 길이 42m)을 통과하기 위해, 마주 보고 진입하던 군중들이 서로 밀고 밀리는 와중에, 비탈길에 갇힌 10~20대의 어리고 꽃다운 학생들과 청년들이 도미노 현상처럼 넘어지면서 156명이 압사를 당하고, 중상 29명, 경상 122명이나 되는 안타까운 대형 참사가 발생했다. 사망자 중에는 외국인도 26명이나 포함되어 있다고 한다.

가족들은 생각지도 못한 이 엄청난 참사의 속보를 듣는 순간, 휴대폰으로 수없이 자녀들을 찾았으나 끝내 연락 두절이었다고 한다. 그리고 마지막으로 전해 온 소식은 관계 당국의 안타까운 소식뿐이었다고 했다. 순식간에 자녀와 가족을 잃은 그들의 마음은 어떠했겠는가? 늘 함께하던 가족이 졸지에 사랑하는 사람의 곁을 떠나는 것은, 무어라 표현할 수 없이 슬프고 고통스러운 일일 뿐 아니라 두려운 일이다. 이는 남겨진 사람들에게도, 감당하기 어려운 슬픔과 고통이 된다.

마지막 때도 이때처럼 주께서 그의 신부들을 데려가심으로 인하여, 수많은 사람들이 사랑하는 사람들의 곁을 떠나게 될 것이다. 그때 남겨진 사람들에게 일어날 일들을 상상해 보면, 얼마나 무섭고 두렵겠는가? 세월호 참사 때나, 이태원의 핼러윈 축제 때와 같이, 사랑하는 사람을 잃은 사람들의 두렵고 떨리는 마음을 상상해 보라. 마지막 때는 이런 일이 순식간에 모든 사람들에게 닥칠 것이다.

주께서 오셔서 그의 신부들을 데려갈 때, 조금 전에 만나기로 약속

　　　　　　　　　　　　　　　신랑을 기다리는 신부처럼

했던 사랑하는 가족, 연인, 친구, 직장 동료, 사업 파트너, 기타 모든 관계의 사람들이 약속 장소에 나오지 않고 갑자기 연락 두절이 된다.

조금 전까지 함께 걸어 가면서 이야기하고, 함께 일하고, 한 상에서 같이 식사하던 사랑하는 가족들과 친구들, 연인들, 직장 동료들이 갑자기 사라진다(데려감). 집집마다 직장마다 그리고 온 마을과 도시마다, 온 나라와 전 세계에서 갑자기 사라져 버린 소중한 사람들을 찾는 소동으로, 온 세상은 아수라장이 될 것이다.

공중에서는 여행객을 태우고 운항 중이던, 일부 여객기 조종사들이 갑자기 사라져(데려감) 여객기 추락사고로 수많은 인명 피해가 속출할 것이며, 무서운 속도로 하늘을 날던 전투기 조종사들이 갑자기 사라지거나(데려감), 예기치 않은 영공 침해로, 미사일을 쏘아대며 전쟁이 벌어질 수도 있다.

땅에서는 열차를 운행하던 기관사들, 크고 작은 각종 차량과 기계의 운전자들이 갑자기 사라져(데려감), 충돌과 화재와 사망 사고와 파괴가 발생할 것이고, 병원의 의료진들은 위급 환자들을 그대로 둔 채, 갑자기 사라져(데려감) 아비규환이 될 것이다.

주요 산업기관의 관리자들, 군사기지 운용자들, 위험물 취급자들, 전기, 통신, 소방, 방사선, 원전 등 각종 중요 국가 산업 분야 종사자들 중 많은 사람들이, 주님 계신 공중으로 갑자기 끌어올려 갈 것이다. 이로 인해 지상에서는 지금까지 겪어보지 못했던 대혼란으로, 공포와 두려움에 떨며 연일 벌어지는 사건 사고로, 온 세상에는 지옥의 통곡 소리가 그치지 않을 것이다.

이때 남겨진 자들은 창세로부터 지금까지 한 번도 겪어보지 못한 대혼란을 당하여 공포와 두려움으로 떨며, 이 무서운 혼란을 극복하려고 서로 단단하게 뭉쳐 공동으로 대처하려고 할 것이다. 이 혼란의 와중에 적그리스도가 나타나 이적을 행하며, 자기가 '세상을 구할 자'라고 미혹할 것이다.

이런 일들에 대하여 세상 어떤 사람도, 대책을 세우거나 대응할 수 없다. 왜냐하면 하나님께서 행하시는 일이기 때문이다. 방법은 오직 하나 그것은, 당신이 데려감을 당하는 것이다.

❖ 심판주로 오실 주님

하나님 아버지께서는 그 아들 그리스도 예수께, 심판하는 권세를 주시고(요5: 22, 27), 하늘과 땅과 땅 아래 있는 자들로 모든 무릎을 예수 이름 앞에 꿇게 하시고, 또 모든 입으로 예수 그리스도를 "주"라 시인하며, 하나님 아버지께 영광 돌리게 하셨다(빌2: 10-11).

성경에 기록하신 말씀대로 태초에 하나님과 함께 계셨던 말씀이신 예수님이 이천 년 전에 육신이 되어 인간의 모습으로 이 땅에 오셨다. 그는 하나님의 독생자로 세상을 죄에서 구원하시기 위해, 자기 땅 자기 백성에게 오셨지만, 그의 땅 그의 백성들은 그를 영접하지 않고, 오히려 "십자가에 못 박아 죽이라"고 소리쳤다.

이로 인해 그는 세상 모든 사람들의 죄를 대신하여, 십자가에 달려 피 흘려 죽으시고, 장사한 지 삼 일 만에 죽은 자 가운데서 살아나신 후, 사십 일 동안 천국 복음을 전하시고, 제자들이 보는 앞에서 구름

타고 하나님 아버지께로 가셨다. 그의 죽으심은 인간의 죄를 대속하기 위함이고, 그의 부활은 죄인을 '의롭다' 해서 거듭나게 하시기 위함이다.

성경 말씀대로, 처음 오신 예수 그리스도는 세상을 죄에서 구원해서 그를 믿는 자마다 멸망하지 않고, 영생을 얻게 하기 위한 구세주로 오셨고, 이제 마지막 때 다시 오실 그리스도 예수는 이 세상에서 십사만 사천인의 신부들을 불러 모아, 하늘나라 백성으로 채우시고, 남은 자(구세주를 믿지 않는 자)들을 둘째 사망의 불 못에 던져 넣기 위한, 심판주로 오실 것이다. 그러므로 깨어 있어야 한다.

제2장

주님은 다시 오신다

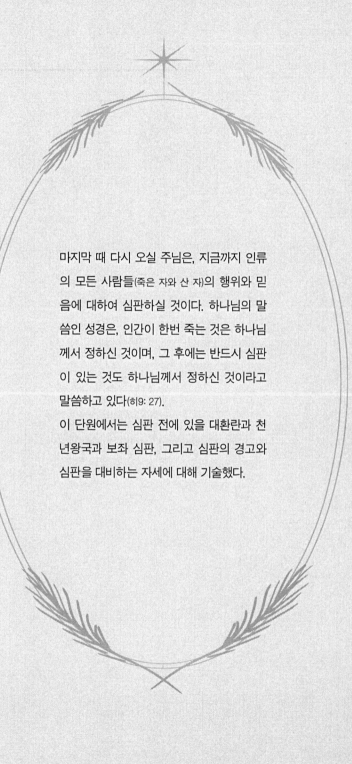

마지막 때 다시 오실 주님은, 지금까지 인류의 모든 사람들(죽은 자와 산 자)의 행위와 믿음에 대하여 심판하실 것이다. 하나님의 말씀인 성경은, 인간이 한번 죽는 것은 하나님께서 정하신 것이며, 그 후에는 반드시 심판이 있는 것도 하나님께서 정하신 것이라고 말씀하고 있다(히9: 27).

이 단원에서는 심판 전에 있을 대환란과 천년왕국과 보좌 심판, 그리고 심판의 경고와 심판을 대비하는 자세에 대해 기술했다.

심판 전에 있을 대환란

마지막 때 주님이 오시기 직전에 대환란이 있을 것이다. 이런 극도의 대환란은 우주만물이 창조된 이래로 지금까지 없었고 이후에도 없을 것이라고 예수님께서 말씀하셨다. 이 극심한 환란의 때에, 가증한 적 그리스도가 나타나서, 마치 자기가 세상을 구할 구세주 행세를 할 것이라고 했다. 그러나 하나님께서는 택하신 자들을 위해, 이날들을 얼마간 감해주실 것이라고 하셨다.

마24: 15, 21~22

15] 그러므로 너희가 선지자 다니엘의 말한 바 멸망의 가증한 것이
    거룩한 곳에 선 것을 보거든(읽는 자는 깨달을진저)

21] 이는 그때에 큰 환난이 있겠음이라 창세로부터 지금까지 이런 환
    난이 없었고 후에도 없으리라

22] 그날들을 감하지 아니할 것이면 모든 육체가 구원을 얻지 못할
    것이나 그러나 택하신 자들을 위하여 그날들을 감하시리라

주께서 공중에 강림하실 때, 믿지 않고 환란을 맞이한 남은 자들 중에는 복음의 말씀이 진리인 것을 뒤늦게 깨닫게 되는 자들도 있을 것

이다. 그들은 이 환란의 시대에 믿음을 지켜, 불 가운데서 구원 얻는 것처럼 순교를 당하는 구원을 얻거나, 주님이 지상에 강림하실 때까지, 적그리스도의 혹독한 박해를 피해서 살아남을 자도 있을 것이다.

적그리스도는 거짓 평화주의자다. 그는 대환란의 때에 잔혹한 독재자로 군림하며, 강력한 통치 수단을 확보하려고 할 것이며, 하나님을 섬기는 예배와 예물을 일체 금지할 것이다. 그는 또 모든 사람들에게 복종을 강요하며, 억압하며 잔인하고 포악하게 탄압하는 공포정치를 하며, 자신을 신처럼 섬기며 추종하도록 강요하고 우상화를 획책할 것이다. 그러나 종말에는, 하나님의 진노의 심판이 그에게 임할 것이다.

그는 천하만국을 규합하여, 유대민족 이스라엘을 치려고 획책할 것이다. 그러나 여호와 하나님께서, 적그리스도의 군대들과 병기들을 쳐서 놀라 도망가게 하시고, 유다 지도자들의 마음에 생각하기를, "예루살렘 거민이, 그들의 하나님 만군의 여호와로 말미암아, 힘을 얻었다" 하게 할 것이라고 하셨다(슥12: 5).

적그리스도는 모든 사람들의 일상생활에 필요한, 생필품을 사고팔수 있는 짐승의 표(666)를 받게 해서 누구든지 그 표가 없으면, 양식이나 생필품은 물론, 여행도 갈 수 없는 통제와 감시체제를 구축해서 강력하게 탄압하고 억압하며 지배할 것이다.

계13: 16~18

16] 저가 모든 자 곧 작은 자나 큰 자나 부자나 빈궁한 자나 자유한
　　 자나 종들로 그 오른손에나 이마에 표를 받게 하고

17] 누구든지 이 표를 가진 자 외에는 매매를 못 하게 하니 이 표는

곧 짐승의 이름이나 그 이름의 수라

18] 지혜가 여기 있으니 총명 있는 자는 그 짐승의 수를 세어 보라

그 수는 사람의 수니 육백육십 육이니라

적그리스도는, 모든 사람들의 오른 손에나 이마에 표를 받게 하므로, 더욱 강력하고 절대적인 통치가 가능하게 되고, 누구든지 그를 섬기지 않거나 순종하지 않으면, 아무것도 할 수 없게 된다. 그가 세상 모든 사람들의 삶을, 감시와 통제로 제한하고 억압하는 것은 그가 흉악한 독재자이기 때문이다.

그러나 구원 얻은 주님의 신부인 성도들의 이마에는 어린 양 예수의 이름과 그 아버지(하나님)의 이름을 쓴 것이 있다. 그들은 주께 속한 십사만 사천인들로서 하늘에서 들리는 물소리 같고, 큰 뇌성과도 같고, 마치 거문고 타는 소리와도 같은, 하늘나라 노래를 배울 수가 있는 사람들이다.

구원 얻은 그들(십사만 사천인)은 신앙의 정절을 지킨 자들로 성령의 인도하심에 순종해서, 예수님의 말씀을 따라 어디든지 따라가는 자들이다. 이들은 많은 사람들 가운데서 구원을 얻은 처음 익은 열매로, 하나님과 어린 양 예수에게 속한 자들이다. 그들은 바리새인이나 서기관들처럼 거짓 믿음을 말하지 않고 흠이 없는 자들이다.

그러나 누구든지 짐승과 그 우상(적그리스도)에게 경배하고 이마나 손에 그의 표를 받으면, 거룩한 천사들 앞과 어린 양 앞에서 불과 유황으로 타는 지옥 형벌의 고난을 받게 된다. 이때 그들이 당하는 고난은, 영원

히 꺼지지 않는 뜨거운 불 속에서 세세토록 올라가는 연기처럼, 밤낮 쉼을 얻지 못하고 고통을 당하게 될 것이다(계14: 9~11).

신랑을 기다리는 신부처럼

천년왕국과 보좌 심판

❖ 천 년 동안 왕 노릇

그리스도께서 공중으로 오실 때, 들림 받은(데려감) 그의 신부인 당신(성도들)은 신랑이신 주님과 함께 지상으로 강림한다. 이때 천사가 사단을 결박하여 천 년 동안 무저갱에 가두고, 신랑 되시는 주께서는 그의 신부들(성도들)과 함께 천 년 동안 왕 노릇할 것이다.

계20: 1~6

1] 또 내가 보매 천사가 무저갱 열쇠와 큰 쇠사슬을 그 손에 가지고 하늘로서 내려와서

2] 용을 잡으니 곧 옛 뱀이요 마귀요 사단이라 잡아 일천 년 동안 결박하여

3] 무저갱에 던져 잠그고 그 위에 인봉하여 천년이 차도록 다시는 만국을 미혹하지 못하게 하였다가 그 후에는 반드시 잠깐 놓이리라

4] 또 내가 보좌들을 보니 거기 앉은 자들이 있어 심판하는 권세를 받았더라 또 내가 보니 예수의 증거와 하나님의 말씀으로 인하여 목 베임을 받은 자의 영혼들과 또 짐승과 그의 우상에게 경배하

지도 아니하고 이마와 손에 그의 표를 받지도 아니한 자들이 살아서 그리스도로 더불어 천 년 동안 왕 노릇 하니

5] (그 나머지 죽은 자들은 그 천 년이 차기까지 살지 못하더라) 이는 첫째 부활이라

6] 이 첫째 부활에 참예하는 자들은 복이 있고 거룩하도다 둘째 사망이 그들을 다스리는 권세가 없고 도리어 그들이 하나님과 그리스도의 제사장이 되어 천 년 동안 그리스도로 더불어 왕 노릇 하리라

주님과 함께 천 년 동안 왕 노릇 하게 될 주님의 신부인 성도 들은 그리스도 안에서 먼저 죽은 자들과 복음을 전파하다 순교 당한 영혼들, 그리고 환란의 때에 적그리스도를 경배하거나 짐승의 표를 받지 않고 믿음을 지키고 살아남은 첫째 부활에 참예할 자들이다.

이들은 구원 얻은 거룩하신 하나님 아버지의 자녀들로서, 신랑이신 그리스도 예수와 아버지 집에서 영원히 함께 사는 복을 누릴 주님의 신부들이다. 이들에게는 영원한 지옥 멸망의 둘째 사망이 그들을 다스리는 권세가 없고 도리어 그들이 하나님과 그리스도의 제사장이 되어 천 년 동안 그리스도로 더불어 왕 노릇 하게 된다.

주님이 강림하실 때, 천사가 무저갱 열쇠와 큰 쇠사슬을 가지고 하늘에서 내려올 것이다. 천사는 그것으로 사단을 잡아 결박해서, 일천 년 동안 무저갱에 던져 넣어 잠그고 인봉해서, 천년이 차도록 다시는 만국을 미혹하지 못하게 했다가, 천 년이 찬 후에 잠시 풀어 줄 것이다.

천 년 후 무저갱에서 잠시 풀려난 사단은 이때 온 땅에 남아 있는

신랑을 기다리는 신부처럼

믿지 않는 자들을 미혹하고 충동해서 그들을 하나로 규합하고, 하나님의 백성 이스라엘을 공격(아마겟돈 전쟁)하게 할 것이다. 이때 사단의 지휘를 받는 적그리스도의 군사들은 이스라엘의 수에 비해 그 수가 바다의 모래같이 많을 것이다.

그러나 적그리스도의 군대가, 선민 이스라엘의 진영과 성을 아무리 여러 겹으로 단단하게 포위해도, 하늘에서 불을 내려 그 적군들을 소멸시킬 것이다. 그리고 성도들을 대항하여 전쟁을 벌인 마귀의 군대들은 전쟁을 하도록 미혹하고 충동질한, 그 짐승과 거짓 선지자들과 함께 영원히 꺼지지 않는 불과 유황 못에 던져져, 영원 세세토록 밤낮으로 괴로움을 받을 것이다.

계20: 7~11

7] 천년이 차매 사단이 그 옥에서 놓여

8] 나와서 땅의 사방 백성 곧 곡과 마곡을 미혹하고 모아 싸움을 붙이리니 그 수가 바다 모래 같으리라

9] 저희가 지면에 널리 퍼져 성도들의 진과 사랑하시는 성을 두르매 하늘에서 불이 내려와 저희를 소멸하고

10] 또 저희를 미혹하는 마귀가 불과 유황 못에 던지우니 거기는 그 짐승과 거짓 선지자도 있어 세세토록 밤낮 괴로움을 받으리라

11] 또 내가 크고 흰 보좌와 그 위에 앉으신 자를 보니 땅과 하늘이 그 앞에서 피하여 간데없더라

✤ 심판의 타작마당 (하나님 보좌 앞)

타작마당은 곡식의 알곡과 쭉정이를 가려내는 심판의 장소와 같다. 과거 우리나라 1970년대까지는 시골의 가난한 사람들에게는 넘어가기 힘든 가파른 보릿고개가 있었다. 시골의 가난한 사람들은 이 고개를 넘기 위해 보리타작을 하기 전까지, 산과 들에서 자라는 나물이나 채소, 그리고 열매나 뿌리를 채취해서 먹으며 어렵게 끼니를 이어가던 시절이 있었다.

늦은 봄이 지나고 뜨거운 여름이 되면, 지난해 늦가을 논밭에 뿌려 놓은 보리의 수확기가 시작된다. 농부는 추수한 곡식을 타작하기 위해서, 먼저 타작할 마당을 깨끗이 쓸어 낸다. 그리고 바람과 햇빛에 잘 말린 보릿단을 타작마당에 얇게 깔아 놓고 도리깨로 두들기면, 보리 이삭이 떨어져 쌓인다.

이것을 쓸어 모아 풍구에 날리면, 쭉정이는 바람에 멀리 날아가고 알곡은 가까이에 남는다. 이때 쭉정이는 모아다 아궁이에 넣어 불에 태우고, 알곡은 모아 방앗간에서 도정을 하면, 가파르던 보릿고개도 어느덧 무사히 넘어간다. 타작마당은 이와 같이 알곡과 쭉정이를 가려내는 심판의 장소와 같다.

타작 마당에서 알곡과 쭉정이를 가려내듯, 죽은 자는 누구든지 마지막 때 하나님 보좌 앞에서 심판을 받는다. 그때 선한 일을 행한 자(믿음으로 산 자)는 생명의 부활로, 악한 일을 행한 자(불순종한 자)는 심판의 부활로 나올 것이다(요5: 29).

계20:12~15

12] 또 내가 보니 죽은 자들이 무론 대소하고 그 보좌 앞에 섰는데

　책들이 펴 있고 또 다른 책이 펴졌으니 곧 생명책이라 죽은 자들

　이 자기 행위를 따라 책들에 기록된 대로 심판을 받으니

13] 바다가 그 가운데서 죽은 자들을 내어주고 또 사망과 음부도

　그 가운데서 죽은 자들을 내어주매 각 사람이 자기의 행위대로

　심판을 받고

14] 사망과 음부도 불 못에 던지우니 이것은 둘째 사망 곧 불 못이라

15] 누구든지 생명책에 기록되지 못한 자는 불 못에 던지우더라

　하나님 보좌 앞에는 책들(행위 심판책)과, 또 다른 책(둘째 사망의 심판책)이 펼쳐져 있다. 보좌 앞에 펼쳐진 책들은 각 사람이 말하고 행한대로 기록한 책으로 누구든지 그 책들에 기록된 대로 심판을 받는다. 그리고 또 다른 책은 생명책으로, 둘째 사망을 심판하기 위한 책이다. 누구든지 이 생명책에, 이름이 기록되지 않은 자들(믿지 않은 자)은, 사망과 음부와 함께 불 못에 던져지는데 이것은 둘째 사망이다.

　그러나 생명책에 이름이 기록된 주님의 신부(구원 얻은 성도)들은, 주께서 예비하신, 하늘나라 아버지 집에 있는 아름다운 처소에서 주님과 함께 영원히 함께 있게 된다. 그곳은 신부가 남편을 위하여 단장한 것 같이 아름다운 새 하늘과 새 땅에 있는 하늘 아버지 집이다.

계21: 1~2, 27

1] 또 내가 새 하늘과 새 땅을 보니 처음 하늘과 처음 땅이 없어졌고

바다도 다시 있지 않더라

2] 또 내가 보매 거룩한 성 새 예루살렘이 하나님으로부터 하늘에서
내려오니 그 예비한 것이 신부가 남편을 위하여 단장한 것 같더라

27] 무엇이든지 속된 것이나 가증한 일 또는 거짓말하는 자는 결코
그리로 들어오지 못하되 오직 어린 양의 생명책에 기록된 자들
뿐이라

성도들의 처소가 있는 하늘 아버지 집은 마치 신부가 남편을 위하여
단장한 것 같이 아름다운 나라인데, 오직 어린 양의 생명책에 기록된
자들만 들어가는 곳이다. 그 나라는 영원한 나라이므로, 먼저 구원 얻
은 선진들과 지금 구원 얻은 우리와, 그리고 앞으로 구원 얻을 후예들
의 이름이 영원히 그곳에 있다. 신랑이신 우리 주께서 예비하신 하나
님 나라는, 이 세상과는 완전히 다른 차원의 새 하늘과 새 땅으로, 새
생명을 소유한 자만 갈 수 있는 하나님 아버지의 나라다.

하나님은 그곳에서, 구원 얻은 그의 백성과 함께 살면서, 다시는 사
망이 없고, 애통해하는 것이나, 곡하는 것이나, 아픈 것이 다시는 있지
않음으로 그 백성들의 눈에는 눈물이 없다. 하나님 나라의 백성은 이
세상의 존재가 아니기 때문이다(계21: 1~4).

그 나라에서는 하나님의 영광이 비취고, 어린 양이 그 등불이 되심
으로, 해나 달이나 별의 비췸이 쓸데없고, 밤이 없으며, 무엇이든지 속
된 것이나 가증한 일이 없고, 또 거짓말(거짓 복음)하는 자는 결코 그리로
들어오지 못하고, 오직 어린 양의 생명책에 기록된 자들만 있는 곳이
다(계21: 22~27).

그 나라에는 구원 얻은 자가 예배드릴 성전이 있을까?

사도요한은 그 나라에서 성전은 보지 못했다고 기록하고 있는데, 이는 "주 하나님 곧 전능하신 이와 및 어린 양(예수님)이, 바로 성전" 그 자체이기 때문이라고 했다. 구원 얻은 주님의 신부는 마지막 때 주님을 맞이해서, 그곳에서 신랑이신 주님과 함께 영원히 함께 살 것이다.

심판의 경고

~~~~~~

❖ 세례요한의 경고

세례요한은 유대 광야에서 "회개하라"고 외치며 심판을 경고했다.

그는 죄를 회개하게 하기 위한 복음을 전파하며 물로 세례를 주고 있었다. 그때 온 유대 지방과 예루살렘 사람과, 바리새인과 서기관들이 세례를 받으러 요단강으로 나왔다.

요한은 이들에게 "독사의 자식들(회개의 열매를 맺지 않는 자들)"이라고 질책을 하며, "회개에 합당한 열매를 맺지 않으면, 타작마당에서 쭉정이를 모아 불에 태우듯, 심판을 받을 것"이라고 다음과 같이 경고했다.

마3: 10~12

10] 이미 도끼가 나무뿌리에 놓였으니 좋은 열매 맺지 아니하는 나
무마다 찍어 불에 던지우리라

11] 나는 너희로 회개케 하기 위하여 물로 세례를 주거니와 내 뒤에
오시는 이는 나보다 능력이 많으시니 나는 그의 신을 들기도 감
당치 못하겠노라 그는 성령과 불로 너희에게 세례를 주실 것이요

12] 손에 키를 들고 자기의 타작마당을 정하게 하사 알곡은 모아 곡
간에 들이고 쭉정이는 꺼지지 않는 불에 태우시리라

세례요한은 죄를 자복하는 유대인들에게 물로 세례를 주면서, 마지
막 때 예수그리스도께서 손에 키를 들고, 타작마당을 깨끗하게 청소하
고, 알곡은 모아 곡간에 들이고, 쭉정이는 꺼지지 않는 불에 태우실 것
이라고 했다(눅3: 17). 이는 예수님이 불과 성령으로 심판하시기 위해, 마
지막 때 다시 오실 것을 경고하심이다.

주인은 좋은 열매를 맺지 않는 나무마다 찍어 불에 던져 넣기 위해,
도끼를 그 나무뿌리에 올려놓고, 또 농부는 알곡과 쭉정이를 가려내
기 위해서, 손에 키를 들고 자기의 타작마당을 깨끗하게 청소하는 것
처럼, 주님은 마지막 때 성령과 불로 심판하실 것이다. 그러므로 누구
든지 회개에 합당한 열매를 맺지 않으면, 좋은 열매를 맺지 않는 나무
나, 쭉정이와 같이 마지막 타작마당에서 영영한 불에 던져지는 심판을
당할 것이다.

❖ 므두셀라 출생을 통한 심판의 경고

"에녹이 65세에 아들 므두셀라를 낳은 후, 삼백 년을 하나님과 동행
하다. 하나님께서 그를 데려가심으로, 그가 세상에 있지 않았다"고 기
록하고 있다. 이는 그가 므두셀라를 낳기 전까지는, 하나님을 떠나 제
멋대로 살다가, 그 아들 므두셀라의 출생으로 하나님의 심판의 경고를

깨닫고 회개하여, 하나님과 동행하게 된 것으로 유추하게 하는 대목이다.

창5:21~28

21] 에녹은 육십오 세에 므두셀라를 낳았고

22] 므두셀라를 낳은 후 삼백 년을 하나님과 동행하며 자녀를 낳았
으며

23] 그가 삼백육십오 세를 향수하였더라

24] 에녹이 하나님과 동행하더니 하나님이 그를 데려가시므로 세상
에 있지 아니하였더라

25] 므두셀라는 일백팔십칠 세에 라멕을 낳았고

26] 라멕을 낳은 후 칠백팔십이 년을 지내며 자녀를 낳았으며

27] 그는 구백육십구 세를 향수하고 죽었더라

28] 라멕은 일백팔십이 세에 아들을 낳고 ……

에녹이 아들을 낳자 그 이름을 '므두셀라'라고 한 것은 하나님께서 지어주셨을 것이다. '므두셀라'란 이름의 뜻은 "창을 든 자, 창을 던지는 사람, 그가 죽을 때 심판이 온다"이다. 고대에 창을 던지는 자는 부족을 지키는 전사인데, 부족을 지키는 용감한 전사가 죽으면, 다른 부족에게 침략을 받아 멸망(심판) 당하는 것을 상징한다.

홍수심판은 노아가 600세에 있었는데, 이때가 바로 므두셀라가 969세로 죽은 해이다. 하나님께서 므두셀라가 출생할 때 그 이름을, "그가 죽으면 심판이 온다"라고 지어주시며 경고하신 대로 그가 죽은 해에

신랑을 기다리는 신부처럼

홍수심판이 있었다. 하나님께서 인간에게 구원의 기회를 주시는 기간은, 인간이 상상할 수 없이 긴 기간이다. 하나님께서 에녹과 노아시대의 사람들을 구원하시기 위해, 참고 기다리신 기간을 계산해 보면 알 수 있다.

에녹은 65세에 아들 므두셀라를 낳고, 므두셀라는 187세에 라멕을 낳고, 782년을 살다가 969세에 죽었다. 라멕은 182세에 노아를 낳고, 노아가 600세에 대 홍수심판이 있었다. 이 기간을 계산하면 187 + 182 + 600 = 969년으로, 므두셀라가 죽은 나이의 때와 홍수심판의 해가 일치한다.

에녹은 그 아들의 이름을 부르고 바라볼 때마다, 무슨 생각을 했을까?

에녹은 아들의 이름을 부를 때마다, "네 아들이 죽을 때 심판이 온다"라고 경고하시는 하나님의 음성을 들었을 것이고, 아들을 바라볼 때마다 하나님의 심판을 되새겼을 것이다. 에녹의 입장에서는, 어린 자식이 병으로 죽든지, 아니면 갑작스러운 사고로 죽을 수도 있을 것을 걱정하며, 하나님의 심판을 두려워했을 수도 있었을 것이다. 그래서 그는 심판을 대비해서, 하나님과 동행할 수밖에 없었을 것이다.

그러나 하나님께서 그를 죽음을 보지 않고 하늘로 옮겨가게 하심으로, 에녹이 300년 동안 하나님과 동행한 것이 심판을 두려워해서라기보다는, 하나님의 심판의 경고를 믿고 대비했음을 시사한다. 당시의 사람들은 에녹이 죽지 않고, 하늘로 옮겨간 사건을 경험하고도, 그 후 669년 동안이나 여전히 하나님의 심판의 경고를 믿지 않고 비웃으며, 여전히 죄악 속에서 살았다.

하나님은 "천년이 하루 같고 하루가 천년 같다" 하셨다. 하나님께서 에녹과 노아 시대의 사람들에게, 969년의 긴 세월 동안을 참고 기다리면서 홍수심판을 경고하신 것은, 영원하신 하나님의 속성으로는 찰나의 순간이지만, 시공에 제한을 받는 인간에게는 말할 수 없이 긴 세월이다.

하나님께서는 인간의 입장에서 변명할 수 없는 충분한 시간을, 회개의 기회로 주셨다. 지금도 에녹의 때와 같이 예수님이 오신 이후, 이천여 년이 지나도록 하나님께서는 참고 기다리시며, 마지막 때의 최후 심판을 인내하시며 경고하고 계신다.

마지막 그때가 가까워져 옴에 따라, 오늘날 우리에게도, 여러 가지 징조들과 현상들을 보여주시고 또 나타나게 하신다. 그 징조들과 나타나는 현상들의 정황은, 마지막 그날이 다가올수록, 점점 더 확실하게 가시화되고 있다.

심판에 대한 하나님의 경고는 심판이 목적이 아니라, 인간이 하나님의 심판의 경고를 듣고, 한 사람도 멸망 받지 않고, 모두 다 회개하고 구원 얻기를 기대하심이다. 이것이 인간을 향한 하나님의 사랑이다.

❖ 노아 대홍수를 통한 심판의 경고

홍수심판의 경고를 받은 노아 때는, 하나님께서 사람을 지으신 이후, 땅 위에 사람이 급속히 번성하기 시작했다. 당시 땅에는 하나님을 섬기는 경건한 계열의 거룩한 부족들과 반면 하나님을 떠나 우상을 섬기며, 제멋대로 사는 경건치 않은 족속들이 함께 섞여 살고 있었다.

신랑을 기다리는 신부처럼

창6: 5~8

5] 여호와께서 사람의 죄악이 세상에 관영함과 그 마음의 생각의 모든 계획이 항상 악할 뿐임을 보시고

6] 땅 위에 사람 지으셨음을 한탄하사 마음에 근심하시고

7] 가라사대 나의 창조한 사람을 내가 지면에서 쓸어버리되 사람으로부터 육축과 기는 것과 공중의 새까지 그리하리니 이는 내가 그것을 지었음을 한탄함이니라 하시니라

8] 그러나 노아는 여호와께 은혜를 입었더라

하나님을 섬기는 경건한 백성의 아들들은, 같은 믿음의 백성의 딸들과 혼인해서 믿음의 대를 이어야 하는 것이 하나님의 뜻이었다. 그러나 그들은 하나님의 뜻을 저버리고, 자기들의 욕망을 따라 경건치 않은 부족의 딸들의 미모와 매력에 현혹되어, 믿음을 떠나 그들과 혼인하고 그들과 함께 그들이 섬기는 우상을 섬겼다.

하나님을 떠난 그들은, 당시 부족 간의 전쟁과 약탈의 시대에 전쟁 영웅이 되어 그 사회의 경건치 않은 부호로 등장하게 되었고, 지도층 계급의 귀족으로 부상하게 되었다. 믿음의 후예들이 우상을 섬기는 족속과 혼혈이 되어, 시대가 지날수록 믿음은 점점 더 식어갔고 죄악은 날이 갈수록 극심해져 갔다. 사람들의 죄악이, 이토록 세상에 가득 차고 넘침을 보신 하나님께서는, 그들에게 하나님의 영이 영원히 사람과 함께하지 않을 것임을 경고하셨다(창6: 1~4).

당시 하나님께서는 그들(노아 홍수시대의 사람들)이 마음속에 항상 악한 생각을 품고 있으므로, 그들의 모든 계획이 항상 악하고, 말과 행하는 모든

행위도 악하다 하셨다. 그래서 하나님께서는 사람 지으신 것을 한탄하시고, 죄악에서 돌아서지 않으면 심판하시겠다고 경고하셨다.

노아 홍수심판 당시, 하나님께서 보신 인간의 모습은 태초에 하나님께서 자기의 형상과 모양대로 지으신, 거룩한 존재와는 너무도 다른 상태였다. 그들은 죄악으로 얼룩진 타락한 모습이었다. 하나님께서는 므두셀라를 통해서, 그들이 죄악에서 돌아서기를, 천 년(969년) 동안이나 설득하며 기다리셨지만, 그들은 끝까지 무시하고 듣지를 않았다. 하나님께서는 마침내 심판을 결심하셨다.

하나님께서는 "나의 창조한 사람을 내가 지면에서 쓸어버리되, 사람으로부터 육축과 기는 것과 공중의 새까지 쓸어버리겠다" 하셨다. 하나님께서는 당시 땅 위의 생명을 가진 모든 존재의 생존 기간은 앞으로 120년이 될 것이며, 그때 멸망의 심판이 있을 것을 경고하셨다. 인간의 죄악의 결과는 이와 같이, 인간뿐 아니라 인간과 함께하는 자연은 물론 그 모든 생명들에게까지 그 영향을 미쳤다.

므두셀라가 죽은 바로 그해 즉, 노아가 600살이 되던 해에, 하나님께서 경고하신대로 대 홍수심판이 있었다. 당시의 사람들은 969년 전, 에녹에게서 므두셀라가 태어나던 해부터 심판의 경고를 받았다. 성경 유다서는 에녹이 다가올 홍수심판에 대하여, 예언한 것을 다음과 같이 기록하고 있다.

유1: 14~16

14] 아담의 칠대손 에녹이 사람들에게 대하여도 예언하여 이르되 보라, 주께서 그 수만의 거룩한 자와 함께 임하셨나니

15] 이는 뭇사람을 심판하사 모든 경건치 않은 자의 경건치 않게 행
한 모든 경건치 않은 일과 또 경건치 않은 죄인의 주께 거슬러
한 모든 강퍅한 말로 인하여 저희를 정죄하려 하심이라 하였느
니라

16] 이 사람들은 원망하는 자며 불만을 토하는 자며 그 정욕대로
행하는 자라 그 입으로 자랑하는 말을 내며 이를 위하여 아첨하
느니라

하나님께서 에녹에게 하신 홍수심판의 경고는 모든 경건치 않은 자
들의 행위와 그들이 하는 일과 또 그들이 언제나 주를 거스르며, 까다
롭고 고집 센 말로 거역하므로, 그들을 정죄하려는 것이라고 했다. 이
는 사람이 말과 행동으로 하나님을 무시하는 행위이기 때문이다.

경건은 하나님 말씀에 대하여, 인간이 마음으로 깊이 삼가고 조심하
며 지켜 행하는 것으로, 하나님의 거룩하신 성품을 닮아 가는 것이다.
이는 구원 얻은 자가 그 은혜에 감사해서, 거룩하신 하나님께 충성스
럽게 순종하는 것이다. 그래서 하나님을 경외하는 마음으로, 예배하고
섬기며 그의 말씀에 항상 복종하기를 힘쓰며 기뻐하는 것이다.

그러나 노아 당시의 사람들은 오히려 하나님을 원망하고 불평하고,
거역하고 그 정욕대로 생각하고, 말하고 오만하게 행동했다. 그들은 서
로 경쟁이나 하듯이, 자신을 자랑하며, 자신의 우월함을 인정받기 위
해, 사람들에게 듣기 좋은 말로 아첨했다.

그들은 자기보다 약한 자에게는 한없이 우쭐대면서도, 강한 자에게
는 비굴하게 굴었다. 그들은 육신의 욕망을 채우기 위해서 수단과 방

법을 가리지 않고 죄악을 일삼았을 뿐만 아니라, 언제나 제 고집대로 살면서 하나님을 두려워하지도 않고, 오히려 멸시하며 훼방하기까지 했다(후2: 10).

그래도 하나님께서는 므두셀라를 통하여, 969년 동안이나 참고 기다리시며 심판을 경고하셨지만, 그들은 끝내 회개하지 않고 결국은 므두셀라가 죽은 해에, 홍수심판으로 다 멸망하고 구원 얻은 사람들은 노아의 가족 여덟 명뿐이었다.

오늘날도 마지막 때, 주께서 다시 오실 것을 전하면, 사람들은 노아의 때처럼 믿지 않을 뿐 아니라, 무시하고 비웃으며 심지어 조롱하기까지 한다. 그러다 정말 생각지 않은 때에, 노아의 때처럼 무서운 심판이 홀연히 닥칠 것이다.

❖ 소돔과 고모라의 타락을 통한 심판의 경고

소돔에 살고 있는 롯에게 어느 날 해 질 무렵 손님 두 분이 찾아왔다. 롯은 그들을 정중하게 영접하고 발 씻을 물을 드렸다. 그들은 소돔과 고모라의 죄악을 확인하기 위해서, 하나님께 보내심을 받은 천사들이었다.

창19: 4~9

4] 그들의 눕기 전에 그 성 사람 곧 소돔 백성들이 무론 노소하고 사방에서 다 모여 그 집을 에워싸고

5] 롯을 부르고 그에게 이르되 이 저녁에 네게 온 사람이 어디 있느
냐 이끌어내라 우리가 그들을 상관하리라

6] 롯이 문밖의 무리에게로 나가서 뒤로 문을 닫고

7] 이르되 청하노니 내 형제들아 이런 악을 행치 말라

8] 내게 남자를 가까이 아니한 두 딸이 있노라 청컨대 내가 그들을
너희에게로 이끌어 내리니 너희 눈에 좋은 대로 그들에게 행하고
이 사람들은 내 집에 들어온 즉 이 사람들에게는 아무 짓도 하지
말라

9] 그들이 가로되 너는 물러나라 또 가로되 이놈이 들어와서 우거하
면서 우리의 법관이 되려 하는도다 이제 우리가 그들보다 너를 더
해하리라 하고 롯을 밀치며 가까이 나아와서 그 문을 깨치려 하
는지라

롯이 손님들에게 저녁 식사를 대접하고 밤이 되자 잠자리를 보살폈
다. 두 손님이 눕기도 전에 소돔의 노인들과 젊은이들이 사방에서 몰
려와 롯의 집에 온 손님과 "상관하겠다"며 손님을 끌어내라며 웅성거
렸다.

"상관하겠다는 말은 직접 보고 확인하겠다는 뜻으로 체험적인 인식
을 의미하며, 이는 성관계를 갖는 것에 대한 완곡한 표현으로 자주 사
용된다. 소돔의 노인들과 젊은 사람들의 요구는 남색을 원하는 것이
다. 남색 하는 자의 영어 단어가 소돔 사람을 가리키는 '소도마이트(Sod-
omite)'라는 사실로도, 당시 소돔 사람들의 동성애로 인한 성적 타락의

심각성을 짐작할 수 있다"(그랜드주석 창세기에서 일부 인용).

소돔과 고모라는 죄악으로 인한 원성이 하늘에까지 미쳤다. 여호와 하나님께서는 그 성에서 의인 십 인을 찾지 못할 정도로 타락해 있었다고 하셨다. 롯의 시대 소돔 사람들의 행위를, 오늘날 당신의 현실로 재구성해 보았다.

어느 무더운 여름날 해 질 무렵, 젊은 대학생 두 형제가 당신 집에 왔다. 그들은 방학이 되어 하루 이틀 피서차 방문했다. 그들은 당신과 아주 가까운 형제나, 집안 어른, 또는 친한 친구의 자녀들일 수 있다.

당신은 그들을 반갑게 맞이해서 맛있는 저녁 요리를 해주고, 저녁 식사 후에는 온 가족이 함께 둘러 앉아, 그들이 어렸을 때를 회상하며, 담소를 나누고 즐거운 시간을 보냈다. 잠잘 시간이 되어, 그들의 잠자리를 펴주고 있는데, 문밖에서 많은 사람들이 웅성거리는 소리가 들렸다.

밖으로 나가 보니 그들은 이웃에 살고 있는 젊은 청년들과 아저씨들이었다. 그들은 당신 집에 손님으로 온 두 젊은 대학생과 잠자리(동성 교제)를 같이 하겠다며, 그들을 내보내라고 소리치며 소동을 벌이고 있었다. 손님들이 밖으로 나가지 않자 그들은 방문을 열고 들어오려고까지 했다.

당시 소돔과 고모라의 사람들은, 이 정도로 타락하고 망가진 상태였다. 과연 하나님은 이런 사람들을 보고 언제까지 참고 인내하며 기다리셔야 했을까? 하나님의 진노의 심판이 충분히 있을 만한 상황이다.

성범죄는 하나님의 창조 질서와 하나님께서 정하신 결혼과 가정원리에 위배되는 것으로, 하나님께서 매우 가증하게 여기시는 중요한 범죄 행위 중 하나다. 이는 사회질서를 유지하는 마지막 보루가 무너지는 범죄이므로, 그 사회는 이로 인한 고통스러운 재앙을 감당할 수밖에 없을 것이다.

더구나 당시 롯의 집에 온 두 분 손님은 하나님의 사자로, 소돔성의 죄악의 상태가 어느 정도인지를 살피러 온 천사들이었다. 롯은 자기 집에 머무는 손님(천사)을 보호하기 위해, 손님을 내놓으라는 이웃 사람들에게 손님 대신 남자를 가까이하지 않은, 자기의 정혼한 두 딸을 주겠다며 마음대로 하라고 했다.

또 롯의 두 딸은 소돔 성의 심판을 피해 소알 땅의 토굴에 피해 있을 때, 종족을 전할 배필이 없다며, 두 딸이 그 아비 롯에게 술을 먹이고 동침하여 자녀를 낳았다. 롯 당시 소돔과 고모라는 이와 같이 성적으로 타락해 있었다. 하나님께서는 이 타락한 성읍에, 유황과 불을 비같이 쏟아부으시고, 그 성과 온 들과 그 성에 사는 모든 백성과 땅에서 난 모든 것을 다 엎어 멸하셨다. 그리고 롯의 아내는 소금 기둥이 되었다.

창19: 24~26

24] 여호와께서 하늘 곧 여호와에게로서 유황과 불을 비같이 소돔과 고모라에 내리사

25] 그 성들과 온 들과 성에 거하는 모든 백성과 땅에 난 것을 다 엎어 멸하셨더라

26] 롯의 아내는 뒤를 돌아 본고로 소금 기둥이 되었더라

위에서 살펴본 대로 사람이 죽은 후에는 심판이 있다. 사람이 한번 죽는 것(육체)은, 하나님께서 누구에게나 동일하게 정하신 일이다. 그러나 그 후에는 반드시 심판(둘째 사망)이 있는 것도, 하나님께서 정하신 일이다. 이에 대해 성경은 다음과 같이 말씀하고 있다.

히9: 27
한번 죽는 것은 사람에게 정하신 것이요 그 후에는 심판이 있으리니

사람이 한번 죽은 후의 심판은, 마지막 때, 있을 불과 유황으로 타는 못에 참예하게 되는 둘째 사망이다. 그러나 예수 그리스도의 말을 듣고(복음을 믿음), 그를 구세주로 보내주신 하나님을 믿는 당신은, 이미 영생을 얻은 것이므로 둘째 사망의 심판에 이르지 않는다. 이는 당신이 주 예수 그리스도를 믿음으로 사망에서 생명으로 이미 옮겨졌기 때문이다(요5: 24). 그러나 살아서 믿지 않는 자들은 둘째 사망의 심판을 받는다.

심판을 대비하는 자세

성경은 주님이 더디 오시는 이유에 대하여, 한 가지 꼭 기억해야 할 것이 있는데, 그것은 바로 하나님께서 아무도 멸망치 않고, 다 회개하여 구원받기를 원해서, 오래 참고 기다리시는 것이라고 하셨다.

> 벧후3: 8~9
>
> 8] 사랑하는 자들아 주께는 하루가 천년 같고 천년이 하루 같은 이 한 가지를 잊지 말라
>
> 9] 주의 약속은 어떤 이의 더디다고 생각하는 것 같이 더딘 것이 아니라 오직 너희를 대하여 오래 참으사 아무도 멸망치 않고 다 회개하기에 이르기를 원하시느니라

마지막 때, 주의 심판의 날은 도적같이 갑자기 닥칠 것인데, 그날에는 우주만물과 온 땅이 큰 소리를 내며 붕괴되고, 하늘과 하늘의 해, 달, 별들이 뜨거운 불에 녹아내릴 것이라고 하셨다. 이렇게 극심한 환란의 때를 대비해서, 어떠한 사람이 되어야 마땅할까? 이에 대해 성경은 "거룩한 행실과 경건함으로 그날을 사모하며 기다리라"고 다음과 같이 말씀하신다.

벧후3: 10~13

10] 그러나 주의 날이 도적 같이 오리니 그날에는 하늘이 큰 소리로
　　 떠나가고 체질이 뜨거운 불에 풀어지고 땅과 그중에 있는 모든
　　 일이 드러나리로다

11] 이 모든 것이 이렇게 풀어지리니 너희가 어떠한 사람이 되어야 마
　　 땅하뇨 거룩한 행실과 경건함으로

12] 하나님의 날이 임하기를 바라보고 간절히 사모하라 그날에 하늘
　　 이 불에 타서 풀어지고 체질이 뜨거운 불에 녹아지려니와

13] 우리는 그의 약속대로 의의 거하는바 새 하늘과 새 땅을 바라보
　　 도다

❖ 거룩한 행실(믿음의 행위)

　마지막 환란의 때를 대비하는 주님의 신부는 먼저 거룩한 행실로 그
날이 임하기를 바라보고 간절히 사모하라 하셨다.

　거룩하신 이는 오직 하나님 한 분뿐이다. 그분은 홀로 흠도 없고 점
도 없이, 온전히 거룩하시다. 절대적으로 거룩하신 그분께서는 죄악으
로 더러워진 인간에게 "오직 너희를 부르신 자(하나님)처럼, 너희도 모든
행실에 거룩한 자가 되어라" 하시면서, "내가 거룩하니 너희도 거룩하
라" 하셨다(벧전1: 15~16).

　하나님의 이 말씀에 의하면, 죄악으로 더러워진 인간도 그분 말씀대
로 거룩한 존재가 될 수 있으며, 또 모든 행실을 거룩하게 할 수 있다

는 말씀이다. 그렇다면 죄악으로 더러워진 인간이 어떻게 하나님처럼 거룩해질 수 있으며, 또 어떻게 모든 행실을 거룩하게 할 수 있을까?

하나님께서는 인간이 거룩해지는 것은, "조상의 유전으로 인한 망령된 행실에서 구원 얻는 것"이라고 하시면서, 이는 은이나 금같이 없어질 것으로 되는 것이 아니라, 오직 흠 없고 점 없는 어린 양, 예수 그리스도의 보배로운 피로 된 것"이라고 말씀하고 있다. 그러므로 당신(죄인)이 거룩해지는 것은, 예수 그리스도의 보배로운 피를 인하여, 하나님께로부터 죄 사함을 얻고 "의롭다" 하심을 얻어, 구원 얻은 거룩하신 하나님의 자녀가 되는 것이다.

이와 같이 거룩하신 하나님의 자녀가 된 자는, 그리스도로 말미암는 영생의 믿음과 소망을 하나님 아버지께 두고, 그날(주의 재림의 날)을 사모하고 기다리며, 기쁨으로 주님 맞을 준비를 하게 된다(벧전1: 15~21).

빙판길을 걸어가는 사람은 넘어지지 않기 위해, 허리띠를 잘 동여매고 몸을 조심스럽게 움직이는 것처럼, 주님을 기다리는 성도는 실족하지 않기 위해, 그 행실을 바르게 하기를 힘쓴다. 만일 교회 공동체에 속한 어떤 형제나 자매가, 마지막 때 주께서 심판주로 오실 것을 믿지 않거나 준비하지 않는다면, 그는 주님의 신부가 아니다. 왜냐하면 주님의 신부는 마음에 믿음을 굳건히 하고, 신랑이신 주께서 다시 오실 때 있을 영광스러운 은혜(데려감)를 온전히 소망하며 살기 때문이다(벧후1: 15).

결혼은 앞둔 신랑이나 신부는 항상 밝고 기쁜 마음으로 혼인을 준비한다. 당신이 주님을 기다리는 신부라면 당신도 혼인을 준비하는 사람들처럼, 평소에 밝고 기쁜 모습으로 주님 맞이할 준비를 하고 있을 것이다. 그러나 만일 당신에게 영생의 믿음과 소망이 없다면, 당신은 주님을 만날 기쁨이 있을 리 없고, 따라서 주님을 사모하고 기다리지도 않을 것이다.

하나님을 거역하는 자들은, 믿는 자들을 미혹해서 믿음에서 떠나게 한다. 그러므로 구원 얻은 당신은 하나님의 구원의 크신 은혜를 바르게 깨닫고, 더욱 큰 믿음으로 성장해 나가야 한다.

주님의 신부인 당신은 거룩하신 하나님의 자녀로서, 거룩한 행실(믿음의 행실)로 회개에 합당한 열매를 맺어, 예수 그리스도의 나타나실 그때에, 신랑이신 주께서 데려가시겠다는 약속을 온전히 믿고 소망하는 성도이기 때문이다.

하나님께서 당신에게, "내가 거룩하니 너도 거룩하라" 하신 이 말씀은, 도덕적으로 착하고 선한 행실을 말씀하심이 아니라, 거룩하신 하나님의 말씀을 믿고 구원을 얻어, 거룩하신 하나님의 자녀로서 일상생활에서 하나님 말씀을 지켜 행함으로 열매(믿음의 행실) 맺는 것을 말씀하심이다.

❖ 경건함

마지막 환란의 때를 대비하는 주님의 신부는 경건함으로 그날이 임하기를 바라고 간절히 사모해야 한다.

하나님께서는 당신에게 은혜를 베푸시어, 영광스러운 구원을 얻게 하시고, 그의 신비한 능력으로 그의 영원한 생명과 경건(하나님의 거룩하신 성품)에 속한 모든 것을 당신에게 주셨다. 그러므로 당신은 이제 이 세상에서 썩어 없어질 정욕을 피하여, 주님의 거룩한 성품에 참예하는 경건한 사람이 된 것이다.

주님의 신부인 당신은 힘써 믿음에 덕을, 덕에 지식을, 지식에 절제를, 절제에 인내를, 인내에 경건을, 경건에 형제 우애를, 형제 우애에 사랑을 공급해야 한다. 이것이 주 예수 그리스도를 알기에 힘쓰는 것(순종)이며, 열매 맺는 경건한 삶이라고 주께서 말씀하셨기 때문이다(벧후1: 1~8).

경건은 생명(영생)의 열매이며 생명은 경건의 근원이다. 경건은 구원 얻은 당신이 지녀야 할 영적 요소인데, 만일 당신에게 경건이 없으면, 새 생명(거듭남)이 없는 것이므로 당신은 열매를 맺을 수가 없다.

누구든지 마지막 때, 신랑으로 오실 주님을 맞이할 준비를 하지 않는다면, 둘째 사망의 심판을 받는다. 이는 그에게 경건함이 없기 때문이다. 이들은 천국 혼인 잔치에서 기름을 준비하지 않은 미련한 처녀들처럼, 주님 오시는 그날 문밖에 서서, "주여, 주여 우리에게 문(천국문)을 열어 주소서" 하며 애걸하게 될 것이다. 그러나 주님은 그때에 "내가 너희를 도무지 알지 못한다" 하실 것이다. 그러므로 이들은 불과 유황으로 타는 못에 던져지는, 둘째 사망의 심판을 받게 된다(계20: 14).

오늘날 예수님을 믿는다고 하는 사람들이 얼마나 많은가?

하나의 교회가 보통 몇천 명이 아니고, 몇만 명도 아닌, 몇십만 명이나 되는 대형 공동체가 셀 수없이 많다. 주일마다 예배가 끝나고 세상으로 쏟아져 나오는 사람들을 보면서, 마치 하나님 나라에서 천사들이 세상으로 쏟아져 내려오는 것 같은 느낌을 받는다. 이는 정말 축복받은 현상이다. 그런데 주님은 교회를 향하여, "마지막 때 믿음을 보겠다" 하셨다. 이는 믿는다고 하면서 교회에 출석은 하지만, 회개에 합당한 열매를 맺는 사람은, 생각보다 많지 않을 것이라는 의미이기도 하다.

교회에 속한 어떤 형제가 자칭 그리스도인이라고 하면서, 육신의 정욕에 빠져 세상을 탐하며, 세상 것을 얻기 위해 믿기 전과 동일하게 수단 방법을 가리지 않는다면, 이는 하나님의 가르침을 무시하는 것이며, 복음을 모르는 사람만도 못한 것이다.

이는 신앙의 형식은 갖추고 있지만 믿음으로는 살지 않는, 외식하는 행위이며 신앙과 삶의 모습이 서로 다른 이중생활을 하는 것이다. 그래서 성경은 "경건의 모양은 있으나, 경건의 능력(성령께 순종하는 믿음)은 없다"고 하신 것이다. 그러므로 당신은 그때(주님 오실 날)를 기억하고, 평소에 주님 맞을 준비를 해야 한다. 심판은 반드시 있을 것이기 때문이다.

그러므로 신랑을 기다리는 주님의 신부인 당신은 마지막 때 있을 심판을 대비해서, 거룩한 행실과 경건한 신앙생활로, 하나님의 날이 임하기를 바라보고 간절히 사모해야 한다.

❖ 환란의 때를 대비하는 자세

마지막 환란의 때를 대비하는 주님의 신부는 깨어 있어야 한다. 다시 오실 주께서, "너희는 깨어서 그날을 준비하라" 하셨기 때문이다. 만일 당신이 슬기 있는 처녀들처럼, 살아 생전에 다시 오실 주님을 맞이할 준비를 하고 있다면, 당신은 그날 그때 거기서, 신랑이신 주님을 만날 수 있을 것이다.

그러나 당신이 미련한 처녀들처럼, 평소에 주님 맞이할 준비(믿음으로 사는 것)를 하지 않는다면, 그때에 주께서 당신을 "도무지 모른다" 하실 것이다. 그러므로 만일 누구든지 다시 오실 주님을 맞이할 준비를 하지 않는다면, 그는 그날 신랑을 맞이 하지 못하고 혼인 잔치의 문은 닫히고 말 것이다.

> 마25: 10
> 저희가 사러 간 동안에 신랑이 오므로 예비하였던 자들은 함께 혼인
> 잔치에 들어가고 문은 닫힌지라

예수님은 위 본문에서 혼인 잔치 때 신랑을 맞이하기 위해 준 비한 자들은, 신랑과 함께 혼인 잔치에 들어간 사례에 대해 말씀하고 있다.

당신이 깨어있다는 것은, 주님 다시 오실 날을 소망하고 기다리며, 회개에 합당한 열매를 맺어 하나님께 영광 돌리는 주님의 제자로 사는 것이다. 그래야 마지막 때 그날, 신랑과 함께 천국 혼인 잔치에 들어갈 수 있기 때문이다. 그러나 역설적으로, 당신에게 회개에 합당한 열매가 없다면, 당신은 하나님 아버지께 돌릴 영광이 없는 것이며, 이는 예수님의 제자로 살지 않았다는 것을 반증하는 것이 된다.

회개의 열매는 이 땅의 것이 아니라, 하나님 아버지께 속한 하늘의 것(성령의 열매)이다. 이 열매는 당신이 예수님 안에 있을 때 저절로 맺혀지는 것으로 율법이나 도덕, 또는 당신의 선행의 공로가 아니라, 오직 성령으로만 맺혀질 수 있는 열매다(갈5: 22~24).

주님 다시 오실 그 날에 대한 대비는 어떻게 해야 할까?

예수님은 눅18: 8에서, "인자가 올 때에 세상에서 믿음을 보겠 느냐" 하셨다. 이는 주님이 심판주로 다시 오실 때, 사람들이 믿음으로 살았는지 아닌지를 확인하시겠다는 말씀이다. 그러므로 당신은 신랑되신 주께서, "다시 와서 데려가겠다"고 약속하신 말씀을 믿고, 기다리며, 세상과 짝하지 말고, 끝까지 믿음으로 살아야 한다.

신랑에게 사랑을 받고 또 신랑을 사랑하는 신부는, 신랑의 말을 무거운 짐으로 생각하지 않고, 오히려 기쁘고 즐거운 마음으로 순종한다. 만일 당신이 주님의 사랑을 받고, 또 주님을 사랑하는 주님의 신부라면, 당신은 예수님의 말을 듣고, 그를 구세주로 보내주신 하나님을 믿으며, 감사함과 기쁨으로 순종할 수 있을 것이다. 당신이 누구의 말에 기쁘고 즐겁게 순종한다는 것은, 당신이 그를 사랑한다는 증거이기 때문이다.

이는 당신이 영생을 얻은 것이며 심판에 이르지 않고, 사망에 서 생명으로 옮겨진 것이다. 그래서 예수님은, 선한 일(믿음의 행위)을 행한 자는 심판의 때에 생명의 부활로 악한 일(믿음 없는 행위)을 행한 자는, 심판의 부활로 나올 것이라고 하셨다(요5: 24, 29).

예수님이 말씀하신 선행과 악행의 기준은 인간의 도덕적 차원에서의 선과 악이 아니라, 예수님의 말씀을 듣고 또 그를 구세주로 보내주신, 하나님을 믿고 안 믿는 것이 영생에 대한 심판의 기준이 되는 선과 악이라는 의미이다. 그러므로 당신이 주님 오실 그날을 준비하며, 소망하고 기다리는 것은 선한 일(영혼 구원)을 하는 것, 즉 믿음으로 행하는 모든 것이다.

하나님의 백성으로 선택을 받은 이스라엘 민족은 젖과 꿀이 흐르는 축복의 땅 가나안을 약속받고도, 광야 생활의 불편함과 어려움 때문에, 하나님의 그 약속을, 마음에 새기지도 않고 감사하지도 않았다. 그 결과 그들은 하나님과 지도자 모세를 수없이 원망하고 불평하며 거역하다가, 하나님께 징계를 받고 용서받기를 반복했다. 결국 그들은 (광야 1세대) 여호수아와 갈렙을 제외하고는, 아무도 약속의 땅에 들어가지 못했다.

이처럼 오늘날 교회 공동체 안에는 "다시 와서 데려가겠다"는, 주님의 약속에 대한 믿음과 영생의 소망이 없어서, 주님이 주시는 참 즐거움과 기쁨을 누리지 못하고, 늘 불평과 원망을 하고, 모든 일들에 대하여 시비하며, 주님 맞을 준비를 하지 않는 형제들이 많은 실정이다. 이들은 결국 주님 오시는 그날 그때에, 신랑이신 주님께 버림을 당하고 슬피 울며 이를 갈게 될 것이다.

혼인을 약속한 신랑과 신부는 결혼에 대한 꿈이 있으므로, 고난이 와도 서로를 믿고 의지하며 이겨내는 것처럼, 하늘나라 영생의 소망을 가진 당신도 주께서 "데려가시겠다" 하신 약속의 말씀을 믿음으로, 이 땅에서 당하는 현실의 어려움과 고난을 극복해 나갈 수 있다. 당신에게 있는 이 믿음과 영생의 소망이 세상을 이기게 하는 힘(믿음)이 되기 때문이다.

예수님께서 당신에게 과실을 많이 맺어, 아버지께 영광 돌리고 "내 안에서 서로 사랑하라" 하심은, 주께서 당신에게 주시는 믿음과 영생의 소망이, 당신 안에서 기쁨으로 충만하게 하려는 것이다. 그러므로 만일 당신이 주님 다시 오심을 사모하고 기다리면, 당신은 늘 감사하며 기쁨으로 살 수 있게 된다.

❖ 깨어 있어야 한다

열매 없는 나무는 도끼에 찍혀 불에 던져지듯이, 누구든지 회개(구원)에 합당한 열매(믿음의 행실)가 없다면, 그는 하나님의 진노를 피하지 못하고, '독사의 새끼들'로 심판을 받게 될 것이다(마3: 17, 눅3: 7, 마12: 24). 그러므로 깨어서 그날을 준비해야 한다.

깨어 있다는 것은 신랑이신 주님이 언제 다시 오실는지 모르지만, 그날을 대비해서, 평소에 미리 준비하는 것(믿음의 행실)이다. 이는 예수님의 양식(영생의 양식)을 위하여 일하는 것이다. 그래서 예수님은 제자들에게 "썩는 양식을 위하여 일하지 말고, 영생하도록 있는 양식을 위해 일하라" 하셨다.

생명이 있는 모든 존재는, 양식을 먹어야 그 생명을 유지할 수 있다. 예수님께서 당신에게 먹으라고 주신 양식은 썩어 없어지는 육체의 양식이 아니라, 영혼 구원을 위한 영생의 생명 양식으로 하나님 아버지의 일이다(요6: 27~29). 그러므로 믿는 자는 누구든지 이 양식을 먹어야 영원한 새 생명을 유지할 수 있다.

예수님은 "나의 양식은, 나를 보내신 이의 뜻을 행하며, 그의 일을 온전히 이루는 것"인데, 이는 곧 "영생에 이르는 열매(요4: 34, 36)"라고 하셨다. 예수님께서 말씀하신 하나님의 뜻과 그의 일은 아들을 보고 믿는 자마다 영생을 얻는 것이며, 이는 마지막 날에, 주께서 다시 살리시는 것이라고 하셨다(요6: 38~40).

예수님 말씀대로, 당신이 하나님의 뜻을 행하고 그 일을 온전히 이루는 것은, 당신의 이웃(사회적 약자)에게 영혼 구원의 복음을 전해서, 그들도 당신처럼 구원을 얻어 영생하게 하는 것이다. 이는 당신이 이웃에게 예수님의 사랑을 실천하는 것이다.

주님을 사모하고 기다리며 깨어 있는 신부는, 이 영생의 열매를 맺기 위하여, 날마다 힘쓰고 애쓰는 구원 얻은 성도들이다. 이들은 주께서 다시 오시는 날, 십사만 사천인의 한 사람이 되어 공중으로 들려 올라갈 것이다.

제3장

혼인 잔치(심판의 타작마당)의
열 처녀

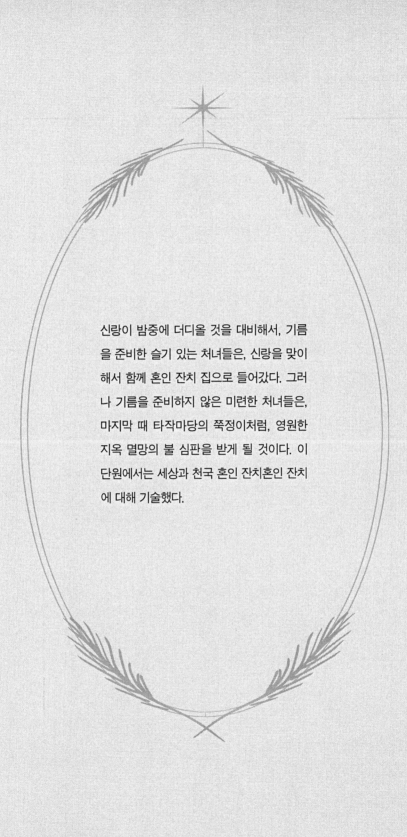

신랑이 밤중에 더디올 것을 대비해서, 기름을 준비한 슬기 있는 처녀들은, 신랑을 맞이해서 함께 혼인 잔치 집으로 들어갔다. 그러나 기름을 준비하지 않은 미련한 처녀들은, 마지막 때 타작마당의 쭉정이처럼, 영원한 지옥 멸망의 불 심판을 받게 될 것이다. 이 단원에서는 세상과 천국 혼인 잔치혼인 잔치에 대해 기술했다.

혼인 잔치

～～～

❖ 누나가 시집가던 날

내가 초등학교 2학년이 되던 해(1960년경), 어느 따스한 봄날 이른 아침이었다. 마당에는 햇빛을 가리는 커다란 천막(차양)이 높이 쳐지고, 며칠 전부터 와 계시던 친척 어른들은 분주히 움직이기 시작했다. 조금 지나자 마을 아낙네들이 하나둘 모여 들더니, 여기저기서 큰소리로 웃고 떠들며, 손뼉을 치고 맞장구를 치면서 맛있는 음식을 준비하느라 분주했다.

마을 청년 형들은 마당에 깨끗한 멍석을 펴고, 큰 상들을 여기저기 펼쳐 놓았다. 점심 때가 가까워 오자, 마을과 이웃 동네 어르신들이 한 분, 두 분 오시기 시작했고 술과 안주며 국수를 나르고 즐거운 잔치가 시작되었다. 이날은 나보다 열네 살 위인 누나가 시집가는 날이었다.

점심때가 훨씬 지난 늦은 오후쯤, "신랑이 온다"고 싸리문 밖이 떠들썩했다. 나는 동구 밖까지 뛰쳐나가, 신부를 태워 갈 예쁜 가마 앞에서 길을 인도하며 집으로 왔다. 가마가 싸리문 안으로 들어오고 그 뒤를 따라 신랑이 들어오자, 기다리던 마을 아저씨들은 처녀 도둑이 왔다며, 신랑에게 재를 뿌리고, 얼굴에 숯검정을 바르며 처녀 도둑을 혼내주고 있었다. 그렇게 한참을 밀고 당기다 신랑은 세수를 하고 혼인예식 준비를 했다.

신랑은 관복처럼 만든 자주색 예복에 사모관대를 하고 있었다. 예복 속에는 흰색 바지저고리를 받쳐 입고, 발에는 검은색 천으로 목이 긴 신발을 신고, 혼인예식대 앞에 서서 신부가 나오기를 기다리고 있었다.

조금 후 신부의 방문이 열리고 곱게 단장한 신부가 나왔다. 얼굴에는 하얗게 분을 바르고, 눈썹은 초승달같이 가늘고 예쁘게 그렸으며, 눈은 반달같이 예쁘게 화장을 했다. 입술에는 밝은 주황색 연지를 바르고, 이마와 양 볼에는 오백 원짜리 동전만 한 빨간색 연지곤지를 찍었다.

겉옷은 연한 빨강, 노랑, 파랑색의 꽃무늬를 수놓은 두루마기를 입었는데, 그 끝이 땅에 살짝 끌렸고, 겉옷 속에는 남색 치마에 색동저고리를 받쳐 입고, 허리 아래까지 내려오는 반포 속에 양손을 모아 감추고, 하얀 코 고무신을 신고 있었다.

머리에는 꽃무늬를 수놓은 팔각족두리를 쓰고, 족두리 앞에는 굵은 오색실을 네 줄로 꼬아, 그 끝에는 실 방울을 달아 눈썹까지 내렸는데, 신랑을 향해 발걸음을 옮길 때마다, 바람에 날리듯 살랑살랑 흔들거렸다.

신부는 들러리의 도움으로 방에서 마루로 나와, 신발을 신고, 뜰로, 마당으로 내려와서, 혼례식대 앞에 서 있는 신랑 앞으로 인도되어 혼인예식을 올렸다. 이튿날 신부는 몸을 예쁘게 단장한 채로, 꽃가마를 타

신랑을 기다리는 신부처럼

고 신랑을 따라 시집으로 갔다. 그들은 이날을 손꼽아 기다리다, 혼인을 함으로 평생을 함께하는 부부가 되었다. 신부와 그 신랑은 이날이 그들 생애에 최고의 날이었을 것이다.

❖ 천국 혼인 잔치

하나님 보시기에 연약한 인간들의 세상 혼인 잔치도, 이렇게 아름답고 즐거운데, 하물며 거룩하시고 위대하신 하나님 아버지의 사랑하시는 그 아들과 그의 신부인, 구원 얻은 성도들을 위 한, 천국 혼인 잔치는 어떠하겠는가?

만왕의 왕이신 예수님이 신랑으로 오실 때, 공중에서 있을 천국 혼인 잔치의 경이로움과 영화로움은 미숙한 인간의 지혜와 언어로는, 상상할 수도 표현할 수도 없다. 영원히 경이롭고 영화로운 천국 혼인 잔치에 비하면, 이 세상의 혼인 잔치는, 비 갠 하늘에 펼쳐진 일곱 빛깔 무지개처럼, 잠시 잠깐 동안 있다가 사라지는, 꿈과 같은 찰나의 행복에 지나지 않을 것이다.

어느 찬송가 시인은, 신랑이신 우리 구주 예수님이 다시 오실 것을 사모하고 기다리면서, "나의 집은 저 하늘 저 너머에 있다"며, "이 세상 사는 동안 죄악과 싸워 이기며, 주님만 섬기며 살겠다"고 자신의 신앙을 고백했다. 그리하면 "머지않아 우리 구주 예수님이 다시 오실 때, 천사들이 하늘에서 나를 부를 것이다" 라는 확신에 찬 믿음의 노래였다.

신랑이 신부 집에 와서 혼인 잔치를 치른 후, 신부를 자기 집으로 데려가듯이, 신랑이신 우리 주님은, 마지막 때 우리가 있는 이 땅의 공중으로 오실 것이다. 그때 천사들을 들러리로 보 내서, 신랑을 사모하고 기다리는 그의 신부인 성도들을, 땅 이 끝에서 저 끝까지 사방에서 불러 모으실 것이다.

마24: 31
저가 큰 나팔소리와 함께 천사들을 보내리니 저희가 그 택하신 자들
을 하늘 이 끝에서 저 끝까지 사방에서 모으리라

그때 구원 얻은 당신은, 신랑이신 주님과 공중에서 혼인예식을 치른 후, 신랑이신 주님이 하늘나라 아버지 집에 예비하신 처소에서 영원히 그와 함께 살게 될 것이다. 그곳에서는 하나님 아버지께서 당신과 함께 사시면서 당신은 그의 사랑하는 백성이 되고, 하나님은 당신의 아버지가 되신다.

하나님께서는 그곳에서, 당신이 세상에서 복음으로 인해 받은 핍박과 고난과 고통의 모든 슬픔의 눈물을 씻어 주시고, 죄로 인한 사망이나, 애통이나, 몸과 마음의 상처나, 질병이 다시는 없게 해 주시겠다고 하셨다.

당신이 주님과 혼인하는 것은, 육신으로 살던 이생의 삶은 다 지나가고, 이제는 당신의 신랑이신 주님이 예비하신 새 하늘과 새 땅에서 그와 함께 영원히 사는 것이다(계21: 2~8).

예수님은 사랑하는 그의 신부인 당신을 하나님 아버지 집에 예비하

신 자기 처소로 데려가시기 위해, 마지막 때 다시 오셔서 천국 혼인 잔치를 하시겠다고 약속하셨다. 그러므로 당신은 그때 그날을 소망하고 기다리며, 이 땅에 사는 동안 믿음으로 살며 열매를 맺어야 한다.

❖ 주님은 신랑 성도는 그의 신부

성경은 예수님과 당신의 관계를 혼인을 약속한 신랑과 신부의 관계로 비유하고 있다. 그중 몇 구절을 살펴보겠다.

사61: 10에서 성도가 온 마음과 몸으로 하나님 때문에 크게 기뻐하며 즐거워할 수 있는 것은, 하나님께서 멸망의 죄를 용서해 주시고, 의롭다 하시며 구원해 주셨을 뿐 아니라, 주께서 그의 신부인 성도와 혼인하기 위해, 신랑이 사모를 쓰고, 자기 신부인 성도를 보물로 아름답고 곱게 단장해 주셨기 때문이라고 말씀하고 있다.

신랑이 신부를 보물로 아름답게 단장해 주듯이, 마지막 때 주께서 당신을 데려가시기 위해, 당신에게 성령을 주셔서 아름답고 고운 열매를 많이 맺게 해 주실 것이다. 이는 주님이 당신의 신랑이고 당신은 그의 사랑하는 신부이기 때문이다.

사62: 5에서는 청년이 처녀와 결혼하는 것 같이, 그리고 신랑이 신부를 기뻐하는 것 같이 주님께서는 사랑하는 성도의 청년이 되시고, 성도는 그와 결혼하는 처녀로 기뻐하신다고 하셨다. 당신은 주님과 결혼할 주님의 사랑하는 처녀이며, 주님이 기뻐하시는 그의 신부라는 의미다.

호2: 19~20에서는, 주께서 진실한 마음으로 성도를 사랑해서 성도와 영원히 함께 살기 위해 성도에게 장가들겠다고 하셨는데, 이는 주님께서 성도인 당신에게 장가들겠다는 말씀이다.

예수님은 마25: 1 이하에서 종말의 때에 천국은 마치 혼인 잔치의 때와 같다고 말씀하신다.

신부의 들러리들은 등불을 들고 나가 신랑을 기다린다, 신랑이 오면 들러리들은 신랑을 신부의 집으로 인도하여 들이고, 잔칫집 대문은 닫힌다. 신랑이신 주님은, 사랑하는 그의 신부를 데려가시기 위해, 신부에게(공중) 오셔서 잔치를 하신다. 예수님은 종말의 때에 주님과 당신과의 관계를, 공중에서 혼인 잔치를 올리게 될 신랑과 신부로 비유하고 있다.

마9: 14 이하에서는 예수님이 마태의 집에서 세리와 죄인들과 함께 식사하실 때, 바리새인들이 이를 보고 비난했다.

그때 세례요한의 제자들이 예수님께 와서, "우리와 바리새인들은 금식하는데, 당신의 제자들은 왜 금식하지 않느냐?"고 물었다. 예수님은, "혼인집 손님들이 신랑과 함께 있을 동안에 슬퍼할 수 있느냐, 그러나 신랑을 빼앗길 날이 이르리니, 그때에는 금식할 것이니라"(막2: 19, 눅5: 34~35) 하셨다.

당시 예수님은 자신을 혼인 집의 신랑으로, 그리고 그와 함께 세리의 집에 있는 제자(성도)들을 신부로 비유해서 말씀하셨다. 이와 같이 당신이 예수님 안에(함께) 있다면 당신은 그의 사랑 받은 신부다.

이스라엘 백성은 부정한 신부처럼 몸을 호화롭게 치장하고 하나님을 떠나 바알(우상)을 섬기다, 하나님의 징계로 불행과 슬픔으로 고통을 당하게 되었다. 그때 하나님께서 그들이 회개하고 돌아오면, 다시 산업을 주시고, 불행과 슬픔에서 새로운 삶의 소망을 주시겠다고 하셨다.

이때 이스라엘 백성이 하나님께 돌아와서, "주님은 내 남편이다"라고 할 것이라고 하나님은 말씀하셨다(호2: 14~17). 이와 같이 하나님은 그의 백성 이스라엘 민족(구원 얻은 성도)을 신부라고 말씀하고 있다. 마지막 때 당신이 들림 받아 주께로 갈 때 당신은 주님을 향해 "주님은 내 남편이다" 하게 될 것이다.

성경은 또 구원 얻은 성도를, 어린 양(주님)과 혼인을 기약한 아내로 말씀하신다. 성도가 어린 양(주님)과 혼인을 기약한 증거는, 죄 사함을 얻고 "'의롭다' 하심을 얻어, 구원 얻은 자로서 옳은 행실을 하는 것"이라고 다음과 같이 말씀하고 있다.

계19: 7~8

7] 우리가 즐거워하고 크게 기뻐하여 그에게 영광을 돌리세 어린 양
　　의 혼인 기약이 이르렀고 그 아내가 예비하였으니

8] 그에게 허락하사 빛나고 깨끗한 세마포를 입게 하신 즉 이 세마
　　포는 성도들의 옳은 행실이로다 하더라

하나님의 진리의 말씀이신 성경은 이렇게, 예수님은 신랑이시고 성도는 그의 신부라고 말씀하고 있다. 신부가 친정아버지를 떠나 신랑에게 시집을 가서, 오로지 신랑만을 믿고 의지하고 사랑하며 새로운 인

생을 시작하는 것처럼, 당신이 구원을 얻는 것도 이와 같이 당신이 당신 인생(세상 욕망을 추구하는 인생)에 주인이던 옛사람을 버리고, 이제는 하나님의 아들 예수 그리스도를, 당신 인생에 새로운 주인으로 모셔 들이고, 오직 그만 믿고 의지하며 그를 사랑하는 새사람이 된 것이다.

❖ 보라 신랑이로다 맞으러 나오라

이스라엘의 하루는 저녁 해 질 무렵에 시작되어서, 다음날 해 질 무렵까지로 계산되었기 때문에, 유대 사회의 고대 혼인 풍습은 보통 해가 진 후, 신랑이 신부 집으로 장가들러 오는 것으로부터 시작되었다고 한다.

그들은 혼인 잔치 때에, 보통 열 명 정도로 구성된 신부 들러리들이 모두 순백색의 옷을 입고 손에는 밤중에 오는 신랑 행렬을 비출 등을 들고, 신랑을 맞으러 나간다고 한다. 신부 들러리들은 신랑이 도착하면 신부 집으로 인도해 들인 후, 잔칫집 대 문은 닫히고 출입이 금지되는데, 이는 당시 강도들이 잔칫집을 자주 습격했기 때문이라고 한다.

마25: 1~6

1] 그때에 천국은 마치 등을 들고 신랑을 맞으러 나간 열 처녀와 같
　다 하리니

2] 그중에 다섯은 미련하고 다섯은 슬기 있는지라

3] 미련한 자들은 등을 가지되 기름을 가지지 아니하고

4] 슬기 있는 자들은 그릇에 기름을 담아 등과 함께 가져갔더니

5] 신랑이 더디 오므로 다 졸며 잘쌔

6] 밤중에 소리가 나되 보라 신랑이로다 맞으러 나오라 하매

고대 이스라엘 당시에는 해가 진 후부터 혼인 잔치가 시작되었으므로, 신랑이 밤중 어느 시점에 올지 알 수 없었다. 그래서 열 명의 신부들러리들은 모두 등을 들고 신랑을 맞으러 나갔는데, 신랑이 더디 오자 모두 졸며 자고 있었다. 한밤중에 갑자기 "보라 신랑이 로다 맞으러 나오라"하며 떠들썩했다.

졸며 자던 열 처녀들은 깜짝 놀라 일어나, 각자 준비한 등을 들었는데 불이 꺼져가고 있었다. 기름을 준비한 슬기 있는 처녀들은, 등에 기름을 채우고 다시 불을 밝혔지만, 그러나 기름을 준비하지 않은 미련한 처녀들의 등불은 꺼져가고 있었다.

미련한 처녀들이 기름을 사러 간 사이 신랑이 왔으므로, 기름을 예비한 슬기 있는 다섯 처녀들은, 신랑과 함께 혼인 잔치에 들어가고 문은 닫혔다. 기름을 사러 갔던 처녀들이 돌아와서, "주여 주여 문을 열어주소서" 했으나, 주님은 문 안에서 "내가 너희를 알지 못한다"하셨다.

위 본문에서 신랑은 종말의 때에, 심판주로 다시 오실 주님을 상징한다. 신랑을 맞으러 나간 열 처녀는, 신부의 들러리로 교회 공동체의 구성원들(거듭난 자와 아닌 자)을, 등불은 마지막 때 오실 주님을 기다리며 예비하는 교회 구성원들의 신앙생활(열매)을, 기름은 회개에 합당한 열매를 맺게 하는 성령을 상징한다고 볼 수 있다.

그리고 슬기로운 처녀와 미련한 처녀는, 마지막 때 있을 어린양의 혼인 잔치(계19: 7-8)에 그리스도께서 신랑으로 오실 때, 데려감을 당할 자와 버려둠을 당할 자(남은 처녀들)가 오늘날 교회 공동체 안에 혼재해 있음을 시사한다(계19: 7-8).

마지막 때, 주님 다시 오실 약속의 말씀을 믿고 성령의 인도하심에 순종해서, 회개의 열매를 맺어 하나님께 영광 돌리는 자들은 마지막 때 있을 그날을 대비하는 주님의 신부들이다.

반면 설마하며 주의 다시 오심의 약속의 말씀을 믿지 않고 준비하지 않는 형제들은 기름을 준비하지 않은, 미련한 처녀들과 같이 부정한 신부다. 이들은 하나님의 기뻐하시는 뜻을 바르게 분별하지 못하고, 세상 자랑만을 위해 세상을 따라 살며, 죄악(불신앙) 속에서 방황하는 무리들이다.

이와 같이 오늘날 교회 공동체 안에는, 두 부류의 형제자매들이 함께 공존하고 있다. 기름을 준비하지 않은 미련한 처녀들이 혼인 잔치에 들어가지 못한 것처럼 교회 공동체에 속했을지라도 주님 오심을 대비하지 않는다면, 그는 마지막 때, "보라 신랑이로다 맞으러 나오라"하는 호령과 천사장의 소리와 하나님의 나팔 소리를 듣지 못할 것이다.

제4장

부정한 신부(미련한 처녀)

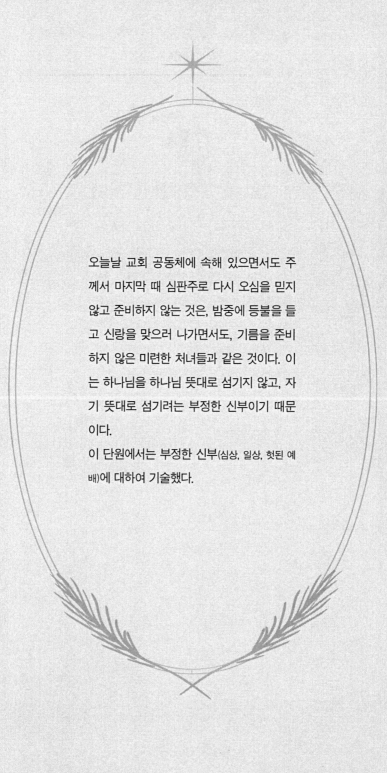

오늘날 교회 공동체에 속해 있으면서도 주
께서 마지막 때 심판주로 다시 오심을 믿지
않고 준비하지 않는 것은, 밤중에 등불을 들
고 신랑을 맞으러 나가면서도, 기름을 준비
하지 않은 미련한 처녀들과 같은 것이다. 이
는 하나님을 하나님 뜻대로 섬기지 않고, 자
기 뜻대로 섬기려는 부정한 신부이기 때문
이다.

이 단원에서는 부정한 신부(심상, 일상, 헛된 예
배)에 대하여 기술했다.

부정한 신부의 심상(心狀)

'설마 신랑이 밤중에 더디 오랴' 하고, 기름을 준비하지 않고 신랑을 맞으러 나간 미련한 처녀들처럼, 부정한 신부는 마지막 때 주께서 심판주로 오실 것을, 믿지 않고 '거짓말'이라고 하며, 주님 맞을 준비를 하지 않는 사람들이다. 부정한 신부는 기름을 준비하지 않은 미련한 처녀들처럼, 천국 혼인 잔치 때 주님께 '모른다'고 외면을 당한 채 문밖에 남겨질 것이다.

성경은 마지막 때 주께서 "다시 오겠다"는 약속에 대하여, 수없이 강조하시면서, 미리 준비하라고 말씀하고 있다. 그러나 만일 당신이 이 약속의 말씀을, 듣고도 준비하지 않는다면, 당신은 아직 거듭나지 않았기 때문이다. 마지막 때 주께서, 심판주로 오실 것이라는 말씀을 믿는 것과 그를 맞이할 준비를 하는 것은, 그때 있을 심판에 중요한 기준이 된다.

이 준비를 하는 것은 구원 얻은 후 어느 시점부터 해야 하는 것이 아니고, 구원 얻는 그 순간부터 육신의 장막을 벗는 그날까지이다. 왜냐하면 구원의 믿음은 영생에 이르는 믿음(주의 재림)을 포함하고 있기 때문이다.

요11: 25~26

25] 예수께서 가라사대 나는 부활이요 생명이니 나를 믿는 자는 죽
어도 살겠고(부활)

26] 무릇 살아서 나를 믿는 자는 영원히 죽지 아니하리니 이것을 네
가 믿느냐

당신이 주님의 신부라면 당신은, 이 질문에 확실하게 "예"라고 대답
할 수 있을 것이다. 그러나 부정한 신부는 "예"라고 대답할 수 없다. 믿
는 자의 신랑이신 주님은, 하늘 보좌 우편에 앉으시어 영원한 생명나
라에 계신다. 언젠가 하나님 아버지의 계획하신 때가 되면, 주님은 그
의 신부인 당신을 자기 처소로 데려가시기 위해 다시 오실 것이다.

그러므로 당신이 이 땅에 사는 동안, 그 아들 예수 그리스도를 구세주
로 믿으면, 주님 다시 오시는 그날, 당신도 그리스도 예수처럼 부활해서
죽어도 다시 살게 된다. 그 후 다시 죽지 않고 주님의 신부로 주님과 함께
영원히 산다. 예수님은 이것을 "믿느냐"고 당신에게 확인하시는 것이다.

결혼을 약속한 신랑 신부에게 혼인 잔치 날은 이 세상에서 최고로
아름답게 단장한 행복한 날일 것이다. 이 날을 손꼽아 기다리지 않는
신랑과 신부는 없는 것처럼, 가장 경이롭고 영광스러운, 천국 혼인 잔
치 날을 기다리지 않는 성도는 없을 것이다. 그러나 만일 혼인을 약속
한 어떤 신부가 그날을 준비하지 않고 딴청을 부리고 있다면, 그는 이
미 부정한 신부다.

이들 부정한 신부들의 하나님 말씀(씨)에 대한 반응(마음 밭: 心狀)은 어떠
한지, 씨뿌리는 자의 비유를 통해서 살펴보자.

❖ 길가 밭과 같은 부정한 신부의 마음

길가 밭은, 많은 사람이나 우마차 등이 오랫동안 자주 왕래하면서, 밟히고 다져져서 단단하게 굳어진 밭이다. 어떤 사람의 마음이 길가 밭과 같다는 것은, 세상의 교육이나 관습에 의해 습득된 고정관념으로 마음이 단단하게 굳어진 상태를 의미한다.

이는 또 어린 시절 가족과 이웃에게, 마땅히 보호받고 존중받으며 사랑받아야 할 여린 마음이, 오히려 그들에게 짐이 되어 미움과 멸시 천대를 받고, 더러운 욕망에 사로잡힌 자들의, 흉악한 수단에 이용당하여 상처를 받으면, 그 마음이 단단하게 굳어져서 외부에 대하여 부정적이며 저항하게 된다.

그리고 삶의 현장에서 예기치 않게 당하는 여러 가지 고난과 오랜 질병과 슬픔들로 인한 고통들도, 모두 다 마음의 상처가 되어 쓴 뿌리가 되어 강퍅하게 굳어진다. 이와 같이 고정관념과 마음의 상처로 굳어진 마음 밭은 하나님의 말씀(씨앗)을 듣고도 그 마음이, 믿음(구원)으로 화합하기를 어려워 한다.

상처와 고난으로 단단하게 굳어진 슬픈 마음은, 다른 사람들과의 관계에서 방어적이고 경계심을 갖게 되며, 의사소통에 어려움을 겪기도 한다. 그래서 자기가 생각하고 있는 것이나 인식하고 있는 것과 다른 어떤 새로운 정보에 대하여, 이기적이고 배타적이며, 부정적으로 반응하며, 수용하기 어려워하게 된다.

성경은 마13: 4, 19에서, "길가에 떨어진 씨앗(말씀)을 새(마귀)들이 와서 먹어버렸다"고 하며, "말씀을 듣고 깨닫지 못하면, 원수 마귀가 그 말씀을 빼앗아 간다"고 말씀하고 있다.

마13: 4, 19
4] 뿌릴쌔 더러는 길가에 떨어지매 새들이 와서 먹어버렸고
19] 아무나 천국 말씀을 듣고 깨닫지 못할 때는 악한 자가 와서 그
마음에 뿌리운 것을 빼앗나니 이는 곧 길가에 뿌리운 자요

사람이 하나님 말씀을 듣고도 깨닫지 못하면, 그 말씀에 화합(믿고 행함)할 수 없다. 그래서 길가 밭과 같이 단단하게 굳어진 마음은, 죄를 죄로 인식하는 데 많은 어려움을 겪기 때문에, 말씀을 깨닫는 데 한층 더 어려움을 겪고 화합하기를 힘들어한다.

더러운 옷을 입고 다니며, 기뻐하고 즐거워하는 사람은 아무도 없다. 이는 자신이 부끄러울 뿐 아니라, 다른 사람들에게도 불쾌감을 준다는 것을, 스스로 인식하고 있기 때문이다. 사람이 하나님 말씀을 깨닫고 그에 화합하는 것은, 옷에 묻은 더러운 때를 빨아 입는 것과 같이 예수 그리스도의 피로 죄 사함을 얻는 것이다. 그러나 부정한 신부는 더러운 옷을 빨아 입지 않는 사람처럼, 스스로 '죄 없다'고 생각하기 때문에 회개하지 않는다.

사64: 6~7
6] 대저 우리는 다 부정한 자 같아서 우리의 의는 다 더러운 옷 같으
며 우리는 다 쇠패함이 잎사귀 같으므로 우리의 죄악이 바람 같
이 우리를 몰아가나이다

7] 주의 이름을 부르는 자가 없으며 스스로 분발하여 주를 붙잡는
　자가 없사오니 이는 주께서 우리에게 얼굴을 숨기시며 우리의 죄
　악을 인하여 우리로 소멸되게 하셨음이니이다

　당신이 교회 공동체의 일원(출석 교인)이 되었다고 해서, 그것이 곧, 하나님을 믿고 사랑하는 것이라고 말하기는 어렵다. 왜냐하면, 사람이 하나님을 믿고 사랑할 수 있는 것은, 회개하여 죄 사함을 얻고 거듭나는 변화가 있어야 하기 때문이다.

　사람이 거듭나는 것은, 인간의 본성적인 기질(성격, 성품)이 변화되는 것이 아니라, 그가 인식하고 있는 삶의 가치관이, 세상 것에서 하늘의 것으로 새롭게 변화되는 것(거듭남)이다. 그러므로 만일 당신이 구원 얻었다고 말하면서도, 신랑으로 오실 주님을 맞이할 준비를 하지 않고, 여전히 세상 유혹에 빠져 세상만 따라 다닌다면, 당신은 부정한 신부일 뿐 아니라, 아직 구원에 이르지 않은 것이다.

　연약한 나무 잎사귀는 바람이 세차게 몰아치면 떨어져 나가는 것처럼, 연약한 인간에게 죄의 유혹이 계속 몰아치면, 부정한 행위(죄악)를 하게 되고, 그 결과 멸망의 나락에 빠지게 된다. 부정한 행위는 마치 더러운 옷을 입고 다니는 것과 같아서, 주께서는 그에게 얼굴을 숨기시고, 그의 죄악을 인하여 그 스스로 멸망의 길로 사라져 없어지게 버려두시겠다고 하셨다.

　그러므로 당신이 마지막 때 신랑되신 주님을 맞이하려면, 몸 과 마음을 곱게 단장하고 혼인날을 기다리는 신부처럼, 더러운 옷을 벗어버리듯 죄악을 벗어버리고 새롭게 거듭나야 한다. 이는 바로 당신이, 당

신 인생의 주인이던 옛 사람을 벗어 버리고, 예수 그리스도를 당신 인생에 새로운 주인으로 모셔들이는 것(구원)이다. 이와 같이 길가 밭과 같은 마음은, 좋은 땅으로 기경되어야, 하나님 말씀이 그 마음에 뿌리를 내려 결실할 수 있다.

❖ 돌밭과 같은 부정한 신부의 마음

돌밭은 얇게 덮인 흙 밑으로 돌(암반)이 깔려 있다. 그래서 씨앗을 뿌리면 곧 싹이 나오지만, 흙이 얇아 뿌리를 내리지 못해서 해가 돋은 후에는 타서 말라 버린다. 예수님은 돌밭과 같은 사람의 마음을 아래와 같이 비유하셨다.

마13: 5~6, 20~21
5] 더러는 흙이 얇은 돌밭에 떨어지매 흙이 깊지 아니하므로 곧 싹
   이 나오나
6] 해가 돋은 후에 타져서 뿌리가 없으므로 말랐고
20] 돌밭에 뿌리웠다는 것은 말씀을 듣고 즉시 기쁨으로 받되
21] 그 속에 뿌리가 없어 잠시 견디다가 말씀을 인하여 환난이나 핍
   박이 일어나는 때에는 곧 넘어지는 자요

돌밭과 같은 마음은, 하나님 말씀을 듣고 즉시 기쁨으로 받아들이지만, 뿌리가 없어서 잠시 견디다 말라버리는 것처럼, 하나님 말씀에

순종하려다 그 말씀으로 인한 환란이나 핍박이 오면, 믿음이 없어서 곧바로 그 말씀을 부정하고 포기해 버린다.

그와 같은 마음은 그 기저에, 양극단을 지향하는 편향적인 교육이나, 전통, 풍습, 경험 등으로 인한, 편견 된 신념, 사상, 이념, 주의(主義) 등이 고착화 된 상태이기 때문이다.

예를 들면 우주만물의 생성을, 하나님의 창조로 말씀하시는 성경의 진리를 부정하고, 인간이 세상 지식으로 추론하여 체계를 세운, 진화론을 추종하고 고수하려는 것 등이다. 이처럼 세상 지식과 교육으로 습득된 편견은, 하나님의 진리의 말씀을 들어도 믿지 못하고, 믿음으로 생각하고 말하고 행동하기를 어려워하며, 신앙과 생활 사이에서 갈등하며 방황하게 된다.

그래서 돌밭과 같은 마음은 주님과 함께 고난을 받으려 하지 않는다. 이는 그가 인간의 지식이나 상식을 초월하는, 하나님의 창조 역사를 믿음으로 수용할 수 없기 때문이다. 그래서 이들은 주님의 일에, 부지런함과 성실한 자세로 임하기를 특히 어려워한다. 이들은 믿음의 뿌리가 내리지 못해서 복음에 불성실하고 게으른 편이다. 그래서 하나님을 기쁘시게 하지 못한다.

하나님께서는 복음에 게으르고 불성실한 자를, 악한(미련한) 종이라고 책망하신다. 그러므로 복음의 게으름과 불성실에서 탈피하려면, 그 마음 기저에 고착화 되어 있는 편견 된 신념, 사상, 이념, 주의(主義) 등의 생각에서 벗어나야 한다. 그러기 위해서는 그 마음이 새롭게 거듭나야 한다.

만일 누구든지 복음을 전하는 일에 게으르거나 불성실하다면, 이는 기름을 준비하지 않은 미련한 처녀들처럼, 주님 맞이할 준비를 하지 않는 부정한 신부이다. 그러므로 주님께서 아버지께로 가시면서, 구원 얻은 당신에게 하나님과 화목케 하는 직책(영혼 구원의 사명)을 주시고, 당부하신 복음을 전하는 증인의 사명을 부지런하고 성실하게 감당해야 한다.

❖ 가시떨기 위와 같은 부정한 신부의 마음

가시떨기 위에 씨앗이 떨어지면, 가시가 그 씨앗의 기운을 막아, 자라지 못하게 훼방하듯이, 세상의 염려와 재리의 유혹은, 하나님의 말씀이 뿌리(믿음)내리지 못하도록 막아서, 결실치 못하게(구원 얻지 못하게) 한다. 성경은 이 같은 마음 상태를 아래와 같이 말씀하고 있다.

> 마13: 7, 22
> 7] 더러는 가시떨기 위에 떨어지매 가시가 자라서 기운을 막았고
> 22] 가시떨기에 뿌리웠다는 것은 말씀을 들으나 세상의 염려와 재리의 유혹에 말씀이 막혀 결실치 못하는 자요 말씀을 들으나 세상의 염려와 재리의 유혹에 말씀이 막혀 결실치 못한다.

세상 염려와 재리의 유혹에 빠져 있는 사람들은, 세상 자랑거리들에 그들의 삶의 가치와 목표를 두고 있기 때문에, 그것들을 더 많이 확보하기 위해, 자나 깨나 염려하고 근심·걱정을 한다.

롬8: 5에서는 육신을 좇는 자는, 그 마음에서 먼저 육신의 일을 생각하고, 영을 좇는 자는 그 마음에서, 먼저 영의 일을 생각한다고 말

씀하고 있다. 가시떨기 위와 같은 마음은, 세상 자랑거리들과 재리의 유혹을 쫓기 때문에, 그 마음에 무엇보다도 먼저 그것들을 취할 생각을 하고 있다는 것이다.

그들 마음에는, 하나님의 아들 예수 그리스도에 대한 관심보다는, 세상일을 먼저 생각하고, 세상 방법으로 계획하고, 세상을 따라 말하고 행동한다. 그래서 세상 자랑과 재리를 확보하고 누리기 위해, 주의 이름을 빙자해서, 다른 사람들을 부당하게 이용하고, 훼방하고, 방해하며, 또 억압하며, 시기와 분쟁을 유발하기도 한다. 그들이 교회 공동체에 속해 있으면서도, 믿음으로 살지 못하는 것은, 그들이 아직 하나님보다 세상 자랑거리들을 더 사랑하기 때문이다.

성경이 말씀하시는 바와 같이 당신의 모든 행동은, 먼저 당신 마음 속에서 생각되어진 것들의 표현이다. 그래서 당신이 육신의 행실을 절제하는 것은, 당신의 인격이나 도덕이나 율법의 요구로 되지 않고, 영으로서만(롬8: 13~14) 가능하다. 그래서 육신에 속한 사람은, 육신의 일만 생각하기 때문에 그 언행심사가 불의(불신상)한 것이다. 만일 성령께서 당신을 하나님 말씀으로 인도하시고 감동을 주신다면, 당신은 육신에 있지 않고 영에 있는 것이다. 당신이 영에 있다는 것은 성령께서 당신 마음 안에 계시면서, 당신을 하나님이 기뻐하시는 뜻대로 인도하신다는 의미이다.

그러나 만일 성령께서 당신에게 주시는 감동이 전혀 없다면, 당신은 하나님 말씀대로 살 수 없으므로, 그리스도의 사람이 아니다(롬8: 5~9). 하나님께서는, 다시 오실 신랑되신 주님을 믿는 당신이 하나님 소유라는 증거로 당신에게 믿음을 굳게(인처심) 하시고, 그 보증으로 당신 마음에 성령을 주셨다(고후1: 21~22).

하나님께서는 당신이 회개할 때, 당신의 죄를 용서해 주셨을 뿐 아니라, 그리스도 예수께서 심판주로 오실 때까지, 당신을 보호하시고 인도하실 또 다른 보혜사이신 성령을, 그 아들의 이름으로 보내주셨다. 당신에게 예수 이름으로 오신 성령께서는, 회개한 당신이 그에 합당한 열매를 맺으며 살도록 인도하신다.

그러므로 당신은 육신으로 지은 죄의 빚을 갚기 위해, 육신대로(율법 행위) 살 것이 아니라 영으로 살아야 한다. 왜냐하면 육신으로 사는 자는 반드시 죽지만(멸망), 영으로써 몸의 행실을 죽이면 살게 되기 때문이다. 그러므로 인간은 육신(옛사람)으로 죄를 갚아야 할 근거는 없는 것이다(롬8: 12~13).

사도 바울은 롬8: 4~13에서, "구원 얻은 자가 그리스도께 진 빚을 갚는 길은, 영으로서 몸의 행실을 죽이고(절제), 영생하는 것"이라고 말씀하고 있다. 그러므로 사람이 성령으로 거듭나야, 그 마음에 단단하게 자리 잡고 있는, 세상 염려와 재리의 유혹에서 벗어나 하나님께 영광 돌리는 열매를 맺을 수 있게 된다.

❖ 부정한 신부의 마음은 기경해야 한다

길가 밭, 돌밭, 가시떨기 위와 같은 밭은 씨앗이 뿌리내리지 못해서 자랄 수 없다. 이런 밭에서 씨앗이 자라서 결실하게 하려면, 그 밭을 좋은 땅으로 기경해야 백배, 육십배, 삼십배로 결실을 맺을 수 있다.

마13: 8, 23

8] 더러는 좋은 땅에 떨어지매 혹 백배, 혹 육십배, 혹 삼십배의 결실
   을 하였느니라

23] 좋은 땅에 뿌리웠다는 것은 말씀을 듣고 깨닫는 자니 결실하여
   혹 백배, 혹 육십배, 혹 삼십배가 되느니라 하시더라

길가 밭처럼 단단히 다져진 땅은, 쟁기로 갈아 엎어서 부드럽게 만들고, 돌밭과 같이 굳은 땅은 더 많은 흙을 부토해서, 씨앗이 뿌리내릴 수 있게 하고, 가시떨기 위와 같은 밭은, 그 가시떨기들을 걷어내서 빛이 잘 통하도록 기경해야 한다. 성경은 사람의 마음 밭의 기경에 대하여 다음과 같이 말씀하신다.

겔36: 25~27

25] 맑은 물로 너희에게 뿌려서 너희로 정결케 하되 곧 너희 모든 더
   러운 것에서와 모든 우상을 섬김에서 너희를 정결케 할 것이며

26] 또 새영을 너희 속에 두고 새 마음을 너희에게 주되 너희 육신
   에서 굳은 마음을 제하고 부드러운 마음을 줄 것이며

27] 또 내 신을 너희 속에 두어 너희로 내 율례를 행하게 하리니 너
   희가 내 규례를 지켜 행할지라

사람의 마음 밭이, 옥토와 같이 좋은 땅으로 기경 되려면, 그 마음에 새 영 즉, 성령을 선물로 받아야 한다고 말씀한다. 성령이 사람의 마음 안에 있어야, 하나님을 거부하는 고집스러운 마음이, 하나님 말

씀에 순종하는 부드러운 마음으로 바뀌어, 하나님의 율례와 규례를 지켜 행할 수 있기 때문이다.

그래서 하나님께서는, 당신을 구원 해서 성령을 주시고, 하나님을 거부하던 당신의 고집스러운 마음을 제거하시고, 대신 부드러운 마음으로 바꿔서, 하나님 말씀에 순종하게 하신 것이다. 그래서 구원 얻은 당신에게 예수 이름으로 오신 성령은, 당신에게 모든 것을 가르쳐 주시고, 또 주께서 말씀하신 모든 것을 생각나게 하셔서(요14: 26~27), 당신으로 하여금 믿음으로 살 수 있도록 인도하신다.

어린아이들이 일을 저지를 때는 먼저 엄마 아빠의 눈치를 살핀다. 이는 어린아이가 엄마 아빠가 싫어하는 것과, 기뻐하시는 것을 알고 있다는 증거다. 이와 같이 구원 얻은 당신 마음속에 계신 성령께서는, 당신으로 하여금 하나님 아버지의 선하시고, 기뻐하시고, 온전하신 뜻이 무엇인지 알 수 있도록 분별력을 주신다. 그래서 당신은 하나님이 기뻐하시는 뜻대로 생각하고 말하고 행동할 수 있게 되는 것이다.

당신이 복음을 거부하던 굳은 마음은 세상 욕망을 추구하던 부패한 마음이다. 그러나 하나님께서는, 회개한 당신에게 성령을 주셔서, 복음을 수용할 수 있는 부드러운 마음을 주셨다. 그것은 하나님의 영원한 새 생명을 주심이다.

하나님께서 당신에게 새 생명을 주셨다는 것은, 당신이 성령으로 거듭난 것이며, 이는 믿기 전의 당신과는 완전히 다른, 새로운 피조물로 태어난(인간의 영) 것이다. 그래서 당신은 세상 욕심을 따라 살지 않고, 하나님의 말씀을 따라, 대신 죽은 자를 위해 살기를 힘쓰게 된다. 이것이 새 생명(육신의 생명에서 영생으로) 가운데 행하는 것이며 믿음으로 사는 것이다

(롬6:4). 하나님께서 부정한 신부의, 단단하고 거칠고 황무한 마음을, 부드러운 마음으로 새롭게 변화시켜 주는 것은, 태초에 창조하신 그의 형상과 모양으로의 회복시키심이다. 이는 맑은 물을 뿌려서, 몸의 모든 더러운 때를 깨끗하게 씻어 내듯이, 예수 그리스도의 거룩한 대속의 피로, 죄를 사하시고 "의롭다" 하시며 성령을 주심으로, 그 마음에서 모든 우상을 버리게 하심이다.하나님께서 이렇게, 당신의 모든 더러운 죄를 씻어 용서해 주시고, 성령을 주셔서 새롭게 하심은, 당신에게 선한 공로가 있기 때문이 아니고, 당신이 죄를 깨닫고 회개했기 때문이다(겔36: 32). 그러므로 구원 얻은 당신은 교만하지 말고, 더욱 겸손한 자세로 말씀에 순종해야 한다. 왜냐하면 당신이 죄가 없어서 의인이 된 것이 아니고, 하나님의 긍휼하심과 지비하심으로, 믿는 당신을, "의롭다"고 인정해 주신 것이기 때문이다.

당신이 하나님을 찾으려면 당신의 묵은 땅(쓴 뿌리)을 기경해야 한다. 묵은 땅은 길가처럼, 돌밭처럼, 그리고 가시떨기 위의 밭처럼, 당신의 마음이 황무하고 거치른, 옛사람의 상태를 의미한다. 이는 패역한 이 세대를 따라 살면서 죄악으로 물든 마음이다. 그러므로 죄악으로 물든 마음을 회개해야 한다.

부정한 신부의 일상(日常)

~~~~~~~~~~~~~~~~~~~~~~~~~~~~

❖ 부정한 신부는 불법을 행한다

기름을 예비하지 않은 미련한 처녀들처럼, 마지막 때 심판주로 오실, 주님을 맞이할 준비를 하지 않는다면, 이는 부정한 신부다. 이들의 일상생활은 어떠한지 살펴보기로 한다.

어떤 사람이 아름다운 열매를 맺지 않는다면, 그는 불법을 행하는 사람이라고 예수님은 말씀하신다. 불법을 행하는 자는 부정한 신부이므로 천국 혼인 잔치에 들어갈 수 없다.

마7: 19~23

19] 아름다운 열매를 맺지 아니하는 나무마다 찍혀 불에 던지우느
    니라

20] 이러므로 그의 열매로 그들을 알리라

21] 나더러 주여 주여 하는 자마다 천국에 다 들어갈 것이 아니요 다
    만 하늘에 계신 내 아버지의 뜻대로 행하는 자라야 들어가리라

22] 그날에 많은 사람이 나더러 이르되 주여 주여 우리가 주의 이름
    으로 선지자 노릇 하며 주의 이름으로 귀신을 쫓아내며 주의 이

신랑을 기다리는 신부처럼

름으로 많은 권능을 행치 아니하였나이까 하리니

23] 그때에 내가 저희에게 밝히 말하되 내가 너희를 도무지 알지 못
하니 불법을 행하는 자들아 내게서 떠나가라 하리라

당신이 불법을 행하지 않고 하나님 아버지의 뜻대로 행하려면, 그의
기뻐하시는 뜻이 무엇인지를 분별해야 한다. 당신은 하나님의 뜻을, 어
떻게 알 수 있는가?

당신의 속사정은 당신 속에 있는 영(심령: 양심)외에는 아무도 알지 못하
는 것처럼, 하나님의 뜻도 하나님의 영이신 성령 외에는 아무도 알지
못한다. 성령 그분은 하나님의 깊은 것이라도 다 아시는 분이므로, 당
신으로 하여금 하나님 아버지의 뜻을 알 수 있게 해 주신다. 그러므로
당신이 하나님의 뜻대로 생각하고 말하고 행하려면, 당신 안에 계신
성령의 인도를 받아야 한다.

이에 대해 성경 롬8: 7~10에서는, "사람이 세상 욕망을 이루려는 계
획과 생각으로는, 하나님 말씀에 순종할 수 없으므로, 하나님을 기쁘
시게 할 수 없을 뿐 아니라, 오히려 하나님과 원수가 되게 한다"고 하셨
다. 이는 그 마음속에 성령이 계시지 않기 때문이다.

사람이 불법을 행하는 것은 어떻게 하는 것일까?

마지막 때 많은 사람들이, 천국 문 앞에 모여서 웅성거리고 있었다.
그들은 주의 이름을 부르면서 "우리가 주의 이름으로 선지자 노릇 하
며, 주의 이름으로 귀신을 쫓아내며, 주의 이름으로 많은 권능을 행했
다(마7:22)"며, 자기들이 살아 생전에 세상에서 주의 이름으로 세운 공로
를 내세우며, 천국에 들어갈 자격이 있다고 주장했다.

그러나 주님은, "내가 너희를 도무지 알지 못한다."고 하시면서, "불법을 행하는 자들아 내게서 떠나가라" 하실 것이라고 하셨다. 이 말씀은 주의 이름을 빙자해서 불법을 행한 자들에게, 마지막 때 있을 심판을 경고하심이다.

교회 공동체에 속한 구성원들은, 주의 이름으로 사역하며 많은 권능을 행하기도 한다. 그런데도 주께서는 마지막 때 어떤 사역자에게는, 천국 문을 가로막고 불법을 행했다며, '나와 아무 상관없으니 떠나가라' 하실 것이라고 하셨다. 하나님의 일을 하기 위해 주의 이름으로 많은 권능을 행했는데, 주님은 왜 불법을 행했다며 그를 인정해 주시지 않는 것일까?

예수님은 당신이, 주님의 이름으로 권능을 행하며 하나님의 일을 하는 그 자체를, "불법"이라고 하시는 것이 아니다. 이는 예수 이름으로 하나님의 사역을 하면서, 마음속으로는 자기 유익을 노리는 것을 말씀하심이다. 이는 주의 말씀을 전하고 가르칠 때 나타나는 하나님의 권능을, 하나님께 영광 돌리지 않고, 마치 자신의 능력으로, 자랑하거나 과시하고 더 나아가, 더러운 이(利)를 취하려는 것을 말씀하심이다(마7: 13~18).

거짓 교사들의 특징은, 주님의 이름으로 가르치고, 주님의 이름으로 권능도 행하지만, 자신이 가르친 대로 살지는 않는다. 예수님은 이들에게 열매 없는 자들이라고 하시면서, 불법을 행하는 자들이라고 하셨다.

예수님은 열매가 없는 거짓 교사들은, 마치 "양의 옷을 입고, 속으로는 노략질하는 이리와 같다"하셨다. 이들은 예수 이름을 빙자해서 하나님의 일을 하지만, "마음속으로는 자기 유익을 노리며 불법을 행하는 자들"이라고 하셨다. 그래서 예수님은, "아버지의 뜻대로 행하는 자가 열매를 맺는 자"라고 하셨다. 불법을 행하는 자들은 주의 이름을 빙자해서, 순수한 성도들을 현혹시키며, 자신의 유익을 위해 이용하고, 자기 권위를 내세우며, 교만하고, 교활한 언행을 일삼는다.

하나님께서, 당신에게 성령의 권능을 주셔서, 주의 이름으로 선지자 노릇하게 하심은, 당신의 명예를 위함이 아니며, 또 당신에게 많은 권능을 행하게 하심은, 당신이 영광 받게하려는 것도 아니다. 그리고 당신에게 귀신을 쫓아내고 병을 고치게 하심도, 당신의 이름이 드러나게 하거나, 과시하게 하려는 것도 아니며, 당신에게 세상이 추구하는 유익을 주려는 것도 아니다.

이는 다만 당신이 믿지 않는 자들에게, 하나님의 구원의 기쁜 소식을 효과적으로 전해서, 하나님 아버지께 영광을 돌리고, 찬송하게 하려는 것이며(사61: 1~3), 당신과 이웃들에게 하늘의 신령한 복들을 나누어 주시기 위해서다.

하나님 아버지께서는 그리스도 예수를 사랑하는 당신에게, 하늘에 속한 모든 신령한 복을 주시되 거저 주셨다. 그러므로 당신이 하나님께 받은 그 은혜를, 다른 사람들에게 줄 때도 거저 주어야 한다(엡1: 3~6, 마10: 8). 그러나 불법을 행하는 자들은, 마치 하나님께서 자기에게만 주신 특권으로 생각하고, 주님의 특별한 제자 행세를 하며, 마치 자기 것을 자기가 나누어 주는 것으로 선심 쓰듯 과시하며, 세상 욕망을 채우려고 한다. 이같이 거짓 교사들은 주의 이름을 빙자해서, 성령으로 사역하지 않고, 자기 유익을 위해 육신으로 사역하므로, 하나님께서 받으실 영광의 열매가 없는 것이다.

성경 민20: 1~13에서는 하나님께서, 이스라엘 민족에게 허락하신 약속의 땅 가나안에, 하나님의 종 모세가 들어가지 못하게 된, 안타까운 경위를 소개하고 있다.

출애굽한 이스라엘 백성이 신 광야에 머무르고 있을 때, 물이 없으므로, 하나님과 모세에게 원망과 불평이 극심했다. 그러자 여호와께서는 모세에게, 회중을 모아놓고 그들이 보는 앞에서 "반석에게 명하여 물을 내라" 하셨다.

그러나 회중을 모아 놓은 모세와 아론은, "반석에게 물을 내라" 하지 않고, "패역한 너희여 우리가 너희를 위하여, 이 반석에서 물을 내랴" 하고는, 손을 들어 지팡이로 반석을 두 번 쳤다. 그러자 바위에서 물이 많이 솟아 나와, 온 회중과 그들의 모든 짐승이 물을 마셨다. 모세와 아론의 사역으로 이스라엘의 회중에게, 하나님의 능력은 나타났다.

그러나 이 일로 인하여 하나님께서는 모세와 아론에게, "너희가 나를 믿지 않고, 이스라엘 자손의 목전에서 나의 거룩함을 나타내지 않았음으로, 너희는 이 총회를 약속의 땅으로 인도하지 못할 것이다" 하셨다. 모세와 아론은, 백성들 앞에서, 이 표적의 권능을, 하나님께서 지시하신 대로 하지 않았을 뿐 아니라, 그 영광스러운 권능을 하나님께 돌리지 않고, 마치 자기 능력으로 물을 낸 것처럼 자신을 과시하고 자신을 드러냈다.

모세는 여호와의 이름으로 물을 냈지만, 여호와의 뜻(말씀)대로 하지 않고, 자기 뜻대로(능력 과시, 분 냄 차원) 하나님의 일을 했다. 그 결과 안타깝게도 모세와 아론은, 이스라엘 총회를, 약속의 땅에 인도하여 들이지 못했다. 당신이 만일 주 예수님의 이름을 빙자해서, 당신 자신을 드러내는 행위를 한다면 이는 모세와 아론이 그랬던 것처럼, 불법을 행하는 것이다. 이는 하나님의 일을 하나님 뜻대로 행하지 않고, 당신 뜻(감정, 과시, 자랑 등)대로 행하는 것이다. 예수님은 마지막 때에, 이들을 "전혀 모른다"고 하시며, 아름다운 열매를 맺지 않는 나무마다 찍혀 불에 던져지는 것처럼, 마지막 때 불 심판을 받을 것이라고 경고하셨다(마25: 19).

불법을 행하는 자들은 자신의 의를 드러내기를 좋아한다. 그들은 하나님의 일을 주의 이름으로 행하면서, 자신의 우월성과 능력과 자기 자랑하기를 좋아하며, 자신의 공로를 인정받기를 즐겨한다. 그리고 하나님께서 성령을 통하여 나타내 주시는 권능을 마치 자신의 능력으로 과시하고 자랑하며 교만해한다. 이는 그들의 가치 기준이, 하늘나라에 있지 않고, 이 땅에서 누리는 세상 복락과 세상이 구하는 자랑거리에 있기 때문이다.

❖ **부정한 신부는 가라지처럼**
　육신의 양식을 먹고 자란다

예수님은 씨뿌리는 자의 비유에서, 추수 때에 "곡식밭의 가라지는 먼저 거두어 불사르고, 곡식은 모아 곳간에 넣을 것"이라고 하셨다.

　마13: 24~30
　24] 예수께서 그들 앞에 또 비유를 베풀어 가라사대 천국은 좋은
　　　씨를 제 밭에 뿌린 사람과 같으니

25] 사람들이 잘 때에 그 원수가 와서 곡식 가운데 가라지를 덧뿌리고 갔더니

26] 싹이 나고 결실할 때에 가라지도 보이거늘

27] 집주인의 종들이 와서 말하되 주여 밭에 좋은 씨를 심지 아니하였나이까 그러면 가리지가 어디서 생겼나이까

28] 주인이 가로되 원수가 이렇게 하였구나 종들이 말하되 그러면 우리가 가서 이것을 뽑기를 원하시나이까

29] 주인이 가로되 가만 두어라 가라지를 뽑다가 곡식까지 뽑을까 염려하노라

30] 둘 다 추수 때까지 함께 자라게 두어라 추수 때에 내가 추수꾼들에게 말하기를 가라지는 먼저 거두어 불사르게 단으로 묶고 곡식은 모아 내 곳간에 넣으라 하리라

움츠렸던 추운 겨울이 지나고 따스한 봄이 오면, 농촌은 씨뿌리는 일로, 눈코 뜰 새 없이 바쁜 고단한 일상이 시작된다. 봄이 무르익는 4월 중순이면, 못자리 판을 만들고, 지난해 준비해 둔 종자 볍씨를 연한 소금물에 담가서, 물 위로 뜨는 씨를 걷어 내고, 3~4일 정도 불린 후 못자리판에 뿌린다.

며칠이 지나면, 바늘처럼 가늘고 옅은 연두색 벼 싹들이 가지런히 올라와, 얼굴을 간질이는 솔바람에도, 하늘하늘 춤을 추듯 흔들거리며, 자라나기 시작한다. 이때 모자리판에는, 농부가 뿌리지도 않은, 곡식밭의 가라지와 같은 피(흙에 섞여 있던 잡초의 씨)가, 벼 이삭과 함께 올라온다. 가라지와 같은 피는, 못자리판이나 모내기를 한 논에서도, 그 뿌리가 벼 싹

과 함께 엉켜 자라난다. 이것을 골라 뽑아내는 것을 '피사리'라고 한다. 외형상으로 피(가라지)는 벼 싹과 비슷해서, 얼른 구분하기가 어렵다.

교회 공동체에 섞여 있는 가라지(거듭나지 않은 자)도, 벼싹 속에 섞여 있는 피처럼, 초기에는 구분하기가 어렵다. 더구나 오랫동안 여러 형제들과, 인간적으로 밀접하게 결속되어 있는 경우에는, 인위적으로 분리할 수가 없다. 이는 교회와 당사자들 마음에 치명적인 시험 거리(분란)가 될 수 있을 뿐 아니라, 인간이 임의로 구별하거나 분리할 수 없는 일로서, 마지막 심판 때 주께서 심판하실 영역이기 때문이다.

추수 때가 되면, 그 이삭을 보고 곡식밭의 가라지를 쉽게 구별할 수 있는 것처럼, 교회 공동체 안의 가라지도 마지막 때가 되면, 그 열매를 보고 쉽게 구별할 수 있다. 그래서 추수 때에 이삭만 자르면 되듯이, 마지막 때 주께서 열매 없는 자들을 심판하시겠다" 하신 것이다.

농부가 곡식이 아닌 피(잡초: 가라지)를 뿌리지 않는 것처럼, 하나님께서는 교회에 가라지(거짓 진리)를 뿌리지는 않는다. 왜냐하면 하나님은 거룩하시고 진리이시며, 생명을 구원하시는 영생의 양식인, 진리의 말씀만을 뿌리시는 분이기 때문이다.

그러나 원수 마귀는 교회 공동체 구성원들이, 안일한 마음으로 경각심을 풀고 형식에 빠져 있는 무기력한 틈을 타, 세상 욕망으로 유혹해서 죄로 공격하고, 악한 생각을 넣어서 넘어지게 한다. 원수 마귀가 뿌린 가라지는, 원래부터 무법한 자(불신자)들로 하나님의 계명을 거스르는, 거듭나지 않은 자들을 의미한다.

교회에서나 세상에서나, 다른 사람을 넘어지게 하는 모든 것과 또 불법을 행하는 것은, 그들이 하나님의 자녀들과는 처음부터, 다른 부류의 존재들이기 때문이다. 가라지는 농부가 뿌린 곡식의 씨앗이 점차 변질 된 것이 아니고, 처음부터 원수 마귀가 뿌린 것으로, 본질적으로 곡식과는 다른 부류다.

다시 말하면, 처음에는 구원 얻은 자였으나, 점차 신앙이 변질 된 것이 아니라, 처음부터 타락한 옛사람의 상태 그대로 있으면서 아직 거듭나지 않은 상태를 의미한다. 그러므로 회개하고 거듭나야 한다.

이와 같이 교회 공동체 안에는, 곡식과 가라지가 늘 함께 공존한다. 밭의 곡식과 같은 부류는, 하나님의 진리의 말씀을 먹고 자라고, 가라지와 같은 부류는 원수 마귀가 덧 뿌리고 간, 육신의 정욕(세상 욕망)을 먹고 자란다.

농부가 추수 때에, 먼저 가라지를 골라 단을 묶어서 불에 던져 넣듯이, 예수님은 세상 끝날에 교회 공동체 안에서, 거듭나지 않은 가라지를 먼저 골라내어 풀무 불에 던지면, 거기서 슬피 울며 이를 갈게 될 것이라고 경고하신다(마13: 30).

❖ 부정한 신부는 왼편 염소의 무리와 같다

예수님은 평소에, 지극히 작은 자 하나를 돌아보지 않은 자들을, 염소와 같이 고집 세고 불순종하는 자들이라고 책망하시면서, 마지막 때 다시 오셔서 그들을 따로 가려내어, 영벌에 들어가게 하시겠다고 경고하셨다. 예수님이 말씀하시는 지극히 작은 자 하나는, 어떤 사람이고 또 그들을 어떻게 돌아보아야 할까?

신랑을 기다리는 신부처럼

마25: 31~33, 44~46

31] 인자가 자기 영광으로 모든 천사와 함께 올 때에 자기 영광의 보
좌에 앉으리니

32] 모든 민족을 그 앞에 모으고 각각 분별하기를 목자가 양과 염소
를 분별하는 것같이 하여

33] 양은 그 오른편에, 염소는 왼편에 두리라 ……

44] 저희도 대답하여 가로되 주여 우리가 어느 때에 주의 주리신 것
이나 목마르신 것이나 나그네 되신 것이나 벗으신 것이나 병드신
것이나 옥에 갇히신 것을 보고 공양치 아니하더이까

45] 이에 임금이 대답하여 가라사대 내가 진실로 너희에게 이르노니
이 지극히 작은 자 하나에게 하지 아니한 것이 곧 내게 하지 아
니한 것이니라 하시리니

46] 저희는 영 벌에, 의인들은 영생에 들어가리라 하시니라

1999년 언젠가 TV 다큐멘터리로, 서울 염천교 거지 왕초 김춘삼의 숭고한 삶의 일대기를 그린 드라마가 있었다. 이 드라마는 일본 식민 치하 말엽부터 해방, 38선 이남의 미군정과, 남한의 단독 정부수립, 그리고 6·25동란과 초대 정부(제1공화국)의 혼란과 불안정한 격동의 시대를 지나는 동안, 전쟁으로 폐허가 된 당시 사회의 어려움에도 굴하지 않고, 국가에서도 외면했던 수많은 전쟁 고아들을 위해, 일생을 바친 한 인간(거지)의 삶의 애환을 그린 감동적인 드라마다.

그는 동료들과 함께, 서울 염천교 밑 움막에 거주하는 아무것도 없는 소위 거지였음에도 불구하고, 6·25전쟁이 발발하자 동료 거지들을

이끌고, 자원하여 전방 486고지를 탈환하는 전투에 참여해서, 큰 공을 세우기도 했다. 그들의 전공이 상부에 보고 되고, 국가에서 훈장포상이 결정되었으나, 거지에게 훈장을 줄 수 없다는 말도 안 되는 명목으로 포상이 취소되었다고 한다.

전장에서 돌아온 그는 그의 동료들과 함께, 전쟁고아 4,000명 정도의 의식주를 해결하는 일에 일생을 바쳤다. 당시 정부 당국의 발표에 의하면 6·25전쟁 미망인은 약 80만 명이고, 전쟁고아는 약 160만 명 정도로 추산된다고 밝히고 있다. 전쟁을 수행하거나, 고아들의 의식주를 해결하는 일은 정부 소관이지만, 당시의 연약한 정부는, 전쟁의 상처로 의지할 곳이 없는, 사회적 약자들을 돌아볼 역량이 부족했던 것 같다.

남자 거지들이 전장에 나간 후, 혼자 남아있던 여자 거지 청년은, 피난길에서 성폭행을 당해 임신을 하고, 전쟁 후 다시 염천교로 돌아와 아기를 낳았다. 이때 동료들과 전장에서 돌아온 왕초 김춘삼은 동료들에게, 이 아기에 대한 그의 각오를 다음과 같이 말했다.

> "이 아이는 이제 우리가 키운다. 우리는 굶주리며 배고프게 살았지만, 이 아이는 잘 먹고 배불리 먹이며 키우자. 우리는 헐벗고 추위에 떨며 살았지만, 이 아이는 고운 옷 입히고 따뜻하게 키우자. 우리는 얻어 맞고 울며 살았지만, 이 아이는 맞지 않고 웃으며 살도록 키우자. 우리는 천덕꾸러기로 얻어먹으며 거지로 살았지만, 이 아이는 존경받는 사람으로 키우자." (드라마 거지 왕초 김춘삼의 극 중 대화에서 인용)

예수님이 지칭하신 지극히 작은 자는 하나는 누구인가? 그들은 당신 주변에서, 스스로는 살아갈 수 없는, 당신과 함께 살고 있는 이웃 즉, 가난한 자(사회적 약자)들이다. 예수님은 이들을 주님의 이름으로 돌아보는 것이, 바로 주님께 하는 것이며, 이웃을 사랑하는 것이라고 하셨다. 그리고 이들을 외면하는 자들이 바로, 왼편에 있는 자 즉, 염소와 같은 무리들이라고 경고하셨다. 이들이 바로 기름을 준비하지 않은, 미련한 처녀들과 같은 부정한 신부들이다.

예수님은 "이웃이 배고픔으로 주릴 때 먹을 것을 주지 않고, 목마를 때 마실 물을 주지 않았으며, 또 방황하는 나그네 되었을 때 잠잘 곳을 주지 않았고, 헐벗고 추위에 떨고 있을 때 입을 옷을 주지 않았고, 병들고, 고통을 당하고, 옥에 갇혀 자유를 잃고 아무것도 할 수 없을 때, 돌아보지 않은 것"이, 왼편에 있는 염소의 무리와 같은 자들이라고 하시며, "그것이 곧 나를 돌아보지 않은 것"이라고 하셨다.

그러자 염소의 무리와 같은 자들은, "주여 우리가 언제, 주님의 어려움을 보고 외면했습니까?"하며, 항변할 것이라고 했다. 이에 예수님은, "너희 이웃이 어려울 때 돌아보지 않은 그것이 바로 내게 하지 않은 것"이라고 하시며, "이런 사람들은 영벌에, 그를 돌아본 의인들은, 창세로부터 너희를 위하여 예비된 나라를 상속하는, 영생에 들어갈 것이다"라고 하셨다.

성경 눅16: 19~26에서는, 지극히 작은 자 하나를 돌아보지 않은 한 부자에 대하여, 다음과 같이 소개하고 있다.

한 부자가 자색 옷과 고운 베옷을 입고, 날마다 호화롭게 잔치를 벌이고 연락을 즐기며 살고 있었다. 반면 나사로라 하는 한 거지가, 옷이

찢긴 채 상처를 드러내고, 그 부자가 먹다 남은 음식으로 주린 배를 채우려고, 날마다 그 집 대문 간에 누워 있었다. 심지어 동네 개들이 와서, 거지 나사로의 상처를 핥았다. 거지 나사로는 죽어서 천사들에게 받들려, 아브라함 품에 들어 갔고, 부자는 죽어서 음부에서 고통을 당했다.

그 부자는, 많은 이웃들을 불러다 연일 연회를 베풀고, 호화롭게 먹고 마시면서도, 날마다 자기 집 대문 간에 누워, 먹다 남은 음식 부스러기로 배를 채우려는 거지 나사로를, 개 취급하며 돌아보지도 않았다. 그 부자는 자기 눈앞에서, 날마다 비참하게 고통당하고 있는 거지 나사로(이웃)를, 의도적으로 무시하고 외면한 것이다. 예수님은 이런 부류들을, "왼편에 있는 염소와 같은 무리"라고 비유적으로 말씀하시는 것이다.

예수께서, 영광의 보좌에 앉으시어, 천사와 함께 심판주로 오실 때, 세상 모든 민족을 그 앞에 모으시고, 목자가 양과 염소를 구별하는 것 같이, 양은 그 오른편에, 염소는 왼편에 두시고 왼편에 있는 자들에게 "저주를 받은 자들아 나를 떠나, 마귀와 그 사자들을 위하여 예비 된, 영영한 불에 들어가라" 하실 것이라고 경고하셨다.

❖ 부정한 신부는 그물 안의 못된 고기와 같다

예수님은 의인을 위해서 이 땅에 오신 것이 아니고, 죄인을 구하러 오셨다고 하셨다. 그러므로 주 예수 이름으로 모이는 교회 공동체는, 구원 얻은 자들만 모이는 곳이 아니라. 죄인들을 모아서 구원 얻게 하는 공동체다. 이는 마치 바다에 그물을 치고, 각종 물고기를 모으는 것과 같이, 교회 공동체는 선교 차원에서 선과 악을 구별하지 않고, 모든 사람들을 세상에서 교회 안으로 끌어들인다.

마13: 47~50

47] 또 천국은 마치 바다에 치고 각종 물고기를 모는 그물과 같으니

48] 그물에 가득하매 물가로 끌어내고 앉아서 좋은 것은 그릇에 담고 못된 것은 내어 버리느니라

49] 세상 끝에도 이러하리라 천사들이 와서 의인 중에서 악인을 갈라내어

50] 풀무 불에 던져 넣으리니 거기서 울며 이를 갊이 있으리라

하나님은 거룩하신 분이시므로, 거룩하신 분의 이름으로 모인 교회(공동체 구성원들)의 지체들은 거룩해야 한다. 그러나 각종 좋은 물고기와 못된 물고기가, 한 그물 안에 섞여 있는 것처럼, 교회 공동체 안에는 거듭난 자와 그렇지 않은 자가, 주님 오시는 그날까지 함께 공존하게 된다. 그 결과 교회 공동체는, 어쩌면 시끄러운 것이 당연한 것인지도 모르겠다.

세상에서 악한 자나 선한 자가, 교회 공동체의 일원으로 회개하여, 예수그리스도 이름으로 세례를 받고, 죄 사함을 얻어, 성령을 선물로 받고 거듭나기 전까지, 그들은 하나님의 거룩한 백성이 아니다. 교회 공동체의 구성원 중 일부는, 이처럼 거듭나지도 않은 채, 외형적으로는 마치 새롭게 거듭난, 하나님의 자녀인 것처럼 이중적으로 살아가기도 한다.

그리고 그들 중 일부는, 교회 제도의 일정한 과정을 거쳐, 신앙의 가치와, 교회 공동체의 중요한 행정적인 일들을 결정하는, 핵심 지도자가 되기도 한다. 이 과정에서 세상 가치관이 교회 공동체로 유입되어, 하나님의 진리의 말씀이 도전을 받고, 말씀의 권위가 흔들리게 되고, 신앙의 가치가 혼탁해지기도 한다.

　　교회 공동체에 거듭나지 않은 일부 구성원들은, 율법과 도덕과 세상 지식과 그리고 사회적 지위와 그 영향력으로, 자기의 '의'를 드러내며, 교회에서나 사회에서 지도자적인 입장을 취하기도 한다. 그러나 그들은, 이룰 수 없는 율법과 도덕적 기준에 좌절하고 절망하며 방황하게 된다. 그들은 신앙과, 세상의 도덕적 가치에 대한 고민과 갈등으로, 극심한 혼란을 겪으며 괴로워 하기도 한다.

　　이와 같이 거듭나지 않으면 신앙보다, 율법과 세상의 도덕과 교양과 물질의 가치가, 마치 고차원의 신앙인 것처럼 착각하게 된다. 그러나 하나님은 그들을 향하여, 하루속히 회개하여 참회하기를 기다리고 계신다.

　　교회 공동체 안에는 하나님의 말씀을 듣고, 예수 그리스도의 대신 죽으심과 부활을 믿음으로 거듭나서, 새롭게 변화된 새사람(거듭난 자)이 있는 반면, 전과 같이 여전히 변화되지 않은 옛 사람(거듭나지 않은 자)이 있다. 변화되지 않은 이들은, 많은 시간 교회를 출석하며 말씀을 듣지만, 그 말씀에 믿음으로 화합하지 못하고, 교회와 세상을 오가며 이중적으로 살아간다.

　　그들은 스스로를 하나님 자녀라고 생각하며, 교회 활동을 하지만, 그 마음 깊은 곳에서는 구원에 대한 불확실성 때문에 구원에 대한 의

구심이 파도처럼 밀려와 늘 긴장하기도 한다. 그들은 신앙의 갈등으로 고민하며, 교회 밖에서는 세상 사람으로, 교회 공동체 안에서는 종교인으로 살아간다. 이들은 하루속히 회개하여, 예수 그리스도 이름으로 세례를 받는, 신앙의 결단을 하고, 죄 사함을 얻어야 한다. 그리하면 성령을 선물로 받는다.

당신이 하나님께 죄 사함을 얻었다는 것은, 그리스도 예수께서 당신의 죄를 대신해서, 십자가에서 피 흘려 죽으신 것을 믿는 당신의 믿음을, 하나님께서 인정해 주셨다는 것을 당신이 믿는 것이며, 이는 또 당신이 세상 자존심을 버리고, 그리스도 예수를 당신 인생에 새로운 주인으로 모셔 들인 것이다.

어부가 바다에 그물을 치고 각종 물고기를 모으듯이, 마지막 때가 가까워질수록 하나님께서는, 더 많은 사람들을 교회 공동체의 일원으로 끌어모으실 것이다. 어부가 그물에 가득한 물고기를 물가로 끌어내고 앉아서, 좋은 물고기는 그릇에 담고, 못된 고기는 골라내서 버리는 것처럼, 주님이 다시 오시는 세상 끝에도 이와 같이, 구원 얻은 자 중에 섞여 있는, 거듭나지 않은 부정한 신부들을 골라내어, 풀무 불에 던져 넣을 것이다.

부정한 신부의 헛된 제사(예배)

하나님은 교회 공동체 안에 있는 대부분의 구성원들에 대하여 기뻐하시겠지만, 한편으로는 근심 어린 눈으로 바라보고 계실 수도 있다. 경우에 따라서는 그들 중 일부 구성원들의 삶의 모습이, 믿음에서 떠나 있을 수도 있기 때문이다. 그래서 하나님은 "말세에 너희가 믿음을 보이겠느냐?"고 하신 것이다.

심판주로 다시 오실 주님의 약속을 믿지 않고 준비하지 않는, 부정한 신부들(미련한 처녀들)을 바라보시는, 하나님 아버지의 마음은 어떠하실까?

❖ 부정한 신부는 성전(교회) 마당만 밟고(종교 활동) 돌아간다

하나님께서는 선민 이스라엘을 애굽에서 인도하여 내시고, 홍해를 건너 광야에 도착하신 후, 그들에게 "성막을 지으라" 하시고, 거기서 "내가 보는 가운데 회막문 앞에서 희생 제물을 드리라"하셨다.

신랑을 기다리는 신부처럼

사1: 11~13

11] 여호와께서 말씀하시되 너희의 무수한 제물이 내게 무엇이 유익
하뇨 나는 수양의 번제와 살진 짐승의 기름에 배불렀고 나는 수
송아지나 어린 양이나 수염소의 피를 기뻐하지 아니하노라

12] 너희가 내 앞에 보이러 오니 그것을 누가 너희에게 요구하였느뇨
내 마당만 밟을 뿐이니라

13] 헛된 제물을 다시 가져오지 말라 분향은 나의 가증히 여기는 바
요 월삭과 안식일과 대회로 모이는 것도 그러하니 성회와 아울러
악을 행하는 것을 내가 견디지 못하겠노라

희생 제물을 가져온 자는 먼저, 하나님께서 보고 계시는 회막문 앞
에서, 번제물의 머리에 안수해야 했다. 이는 하나님 앞에서 그의 죄가
그 희생 제물에 전가되었음을 믿는 믿음의 의식이다. 이는 하나님께서
그 아들 예수 그리스도를, 죄인을 위한 대속의 희생제물로 주셨음을
믿는 것을 상징하는 의식이다.

희생 제물을 가져온 자는 안수한 후에 하나님이 보시는 앞에 서 그
희생 제물을 죽이면, 제사장은 그 피를 받아 회막문 앞 단 사면에 뿌
리고, 희생 제물을 가져온 자는 그 제물의 가죽을 벗기고 그 살과 뼈
를 분리한다.

이는 옛 사람인 예배자가, 예수 그리스도와 함께 십자가에 못 박혀
죄의 몸이 죽고 거듭난 것으로, 다시는 그가 죄에게 종노릇하지 않으
려는 신앙의 결단을 한 것(예수 이름으로 세례)이며, 죽은 자가 죄에서 벗어나
하나님께 "의롭다" 하심을 얻은 것을 상징한다(롬6: 6~7).

제사장의 자손들은 단위에 불을 두고 그 불 위에 나무를 벌여 놓고, 그 추려낸 뼈와 머리와 기름과 함께 물로 씻은(죄 사함) 내장과 정강이를, 그 불 위에 있는 나무 위에 벌여 놓는다. 제사장은 그 전부를 단 위에 불살라 번제를 드리는데, 이는 제물을 불로 태워 드리는 화제(火祭)로, 하나님께 향기로운 냄새로 드리는 제사다.

하나님께서 기쁘시게 받으시는 제사(예배)는, 제물 그 자체가 아니라, 희생 제물을 태워서 드리는 향기로운 연기인데 이는. 희생 제물을 드리는 자의 삶에서 풍겨나는 예수 향기 즉 산제사인 신앙생활이다. 하나님께서는 이와 같이 그의 백성 이스라엘에게, 희생 제물을 태우는 향기로운 냄새의 제사(예배)를 요구하셨다.

그러나 그들은 제물을 끌어다만 놓고, 그 제물에 안수(대속의 믿음)도 하지 않고, 잡지도(예수 이름으로 세례) 않았다. 그뿐 아니라 희생 제물의 가죽을 벗기거나(거듭남), 뼈와 살을 추려내지도 않았고(세례, 못 박힘) 내장을 꺼내 씻지도 않았다(죄 사함).

이로 인해 그들은 희생 제물을 태워, 향기로운 냄새(산제사)도 올려 드리지 않았다. 이는 마치 어떤 불효자식이, 닭고기가 먹고 싶다는 늙은 부모에게, 산 닭을 가져다 놓는, 털을 뽑아 구워서 먹든지 삶아서 먹든지, 알아서 하라는 것과 같은 못된 행위이다.

하나님은 그들에게 번제단 근처에는 얼씬도 하지 않고, 다른 사람들이 드리는 제사를 구경만 하고, 성막 뜰만 배회하다 돌아가는 것과 같은, 헛된 제사를 드렸다고 책망하셨다(레1: 1~9). 이는 오늘날 거듭나지 않은 어떤 사람들처럼, 교회 예배의식에 참석하는 것이, 신앙의 전부인 것으로, 잘못 인식하고 있는 것이나 다름이 없다.

신랑을 기다리는 신부처럼

여호와 하나님께서는 선지자 이사야에게, 하나님을 거역하는 이스라엘에게 다음과 같이 말씀하셨다. "소는 그 임자를 알고 나귀는 주인의 구유를 알지만, 내가 이 스라엘을 자식처럼 양육하고 돌보았으나, 이 백성 이스라엘은 나의 크나큰 은혜와 사랑을 입고도, 그것을 알지 못하고, 깨닫지도 못하고, 거역하기만 하니, 이는 금수만도 못하다"고 한탄하셨다.

하나님께서는 이스라엘을 자기 백성으로 선택하시고, 그들을 애굽의 속박에서 구원해 주셨을 뿐 아니라, 살을 에는 듯한 광야의 추운 밤에는 불기둥으로, 뜨거운 태양이 내리쬐는 사막의 한낮에는, 구름기둥으로 보호해 주셨다. 그뿐 아니라, 땀 흘리고 수고하지 않았어도, 하늘에서 만나를 내려 먹게 하셨으며, 전염병과 적군의 창칼에서 지켜주셨고, 광야와 사막에서의 타는 듯한 목마름의 갈증을 해갈 시켜주셨다.

그런데도 그들이 하나님을 거역하고 돌아서는 것은, 그들이 행악하는 종자이고, 행위가 부패한 자식이기 때문이며, 이 민족은 정말로 슬픈 백성이며, 범죄한 나라이며, 허물진 백성이라고 하나님은 한탄하셨다.

그들의 머리(생각)는 전부 병들어서 마음은 피곤하고, 발바닥에서부터 정수리까지, 온몸이 성한 곳 없이 찢긴 상처투성이 같고, 날마다 두들겨 맞은 흔적 뿐이면서도, 그 상처에서 고름을 짜내고 싸매며, 약을 바르는 치료도 받지 못하는 것과 같은 상태라는 것이다. 그런데도 그들은 매를 더 맞으려고, 오히려 믿음에서 떠나 돌아오지 않고, 불순종하기만 한다며, 아래와 같이 책망하셨다.

"초목이 자라던 그들의 산야는 폐허가 되어 거덜이 났고, 그들이 거처하는 도시들은 불타 버렸으며, 그들의 소산지인 논밭은, 이방인들에게 강탈당하고 파괴되어 폐허가 되었다. 백성은 포도원의 부서진 망대와 같고, 바람에 날려 쓰러진 원두막 같으며, 또 에워싸인 성읍같이, 겨우 명맥만 유지할 정도로 남았다" 라면서, "만일 만군의 여호와 하나님께서, 이스라엘을 위하여 조금 남겨두지 않았다면, 소돔과 고모라 같이, 씨도 없이 멸망했을 것이다"라고 하셨다.

하나님께서는 이런 이스라엘에게, "너희가 가져오는 수많은 희생 제물이, 내게는 필요 없다"며 "기뻐하지도 않는다" 하셨다. 그뿐 아니라, "나는 너희에게 그 희생 제물을 요구하지도 않았다. 너희는 그냥 내 마당만 밟고 돌아가는 것일 뿐이다"고 하셨다.

여호와 하나님께서는, 순종하는 자에게는 희생 제물을 요구하시고 기뻐 받으시지만, 거역하는 자의 것은 받지 않으실 뿐 아니라, 기뻐하시지도 않고 요구하시지도 않는다고 하신다.

하나님께서는 거역하는 자의 제물을 가증하게 여기실 뿐 아니라, 악을 행하며 절기를 지키는 형식적인 예배도, 무거운 짐이 된다는 것이다. 그래서 거역하는 자가 도움을 요청할 때, 못 본 척 외면할 것이고, 기도를 해도 듣지 않을 것이라며, 죄를 회개하고 죄악을 그치라고 경고하신다.

오늘날 하나님을 거역하며 드리는 예배는 어떤 것인가?

만일 당신의 삶의 현장에서 예수향기(신앙생활)가 풍겨나지 않는다면, 당신이 하나님께 드리는 희생 제물은 헛된 제물이 되 며, 당신이 드리는 예배 또한 하나님께 무거운 짐이 될 뿐이다. 이는 당신이 불순종하는 이스라엘 백성들처럼, 성전 마당만 밟고 돌아가는 형식적인 예배를 드리고 있는 것이다.

당신이 교회 공동체에서 활동을 하며 헌금을 드리고, 찬송을 하며, 말씀도 듣고 예배를 드리지만, 당신의 일상생활에서 희생 제물을 불에 태워드리는 것과 같은, 향기로운 냄새(산제사)가 빠져있지는 않은지 돌아보아야 한다.

당신이 하나님께로부터 착한 행실의 말씀을 배우고도, 삶의 현장으로 돌아가서는, 하나님의 그 말씀에는 순종하지 않으면서, 교회 예배에만 열심을 내려는 것은, 성전 뜰만 밟고 돌아가는 타락한 이스라엘 백성들처럼, 예배당 마당만 밟고 돌아가는 것이다. 왜냐하면 하나님이 원하시는 희생 제물을 태우는, 향기로운 냄새의 예배(산제사)를 드리지 않고 있기 때문이다.

❖ 부정한 신부는 제사(예배)는 드리면서 순종하지는 않는다

하나님은 사울을 이스라엘의 초대 왕으로 세우시면서, 지금 아말렉으로 가서, 그들의 모든 소유를 하나도 남기지 말고 다 진멸하고, 남녀와 소아와 젖 먹는 아이와 가축까지 다 죽이라고 하셨다. 이는 하나님께서, 이스라엘을 애급에서 인도하여 나오실 때, 아말렉 족속이 그 길을 막아서고 대적했기 때문이다. 하나님께서는 아말렉의 이 행위를, 하나님을 가로막고 방해하며 도전하는 것으로 간주하셨다.

삼상15: 21~23

21] 다만 백성이 그 마땅히 멸할 것 중에서 가장 좋은 것으로 길갈에서 당신의 하나님 여호와께 제사하려고 양과 소를 취하였나이다

22] 사무엘이 가로되 여호와께서 번제와 다른 제사를 그 목소리 순종하는 것을 좋아하심 같이 좋아 하시겠나이까 순종이 제사보다 낫고 듣는 것이 수양의 기름보다 나으니

23] 이는 거역하는 것은 사술의 죄와 같고 완고한 것은 사신 우상에게 절하는 죄와 같음이라 왕이 여호와의 말씀을 버렸으므로 여호와께서도 왕을 버려 왕이 되지 못하게 하셨나이다

하나님의 명을 받은 사울 왕은, 아말렉을 진멸하고 그 왕 아각을 사로잡고, 가축 중 가장 좋은 것과 기름진 것과 어린 양과, 모든 좋은 것들은 죽이지 않고 진중으로 가져왔다. 아멜렉과의 전투에서, 승리한 사울 왕은 교만해져서, 하나님께 드리는 제물과 제사도 자기 생각대로 드리려고 했다.

이 사실을 아신 하나님은, 지난 밤 사무엘에게 사울의 불순종에 대하여 알려 주시면서, "순종이 제사보다 낫다"고 경고하게 하셨다. 사울의 진영에 도착한 선지자 사무엘은, 진영에서 들리는 가축들의 울음소리를 듣고 사울에게 그 연유를 물었다. 사울 왕은 백성들이 전장(길갈)에서, 당신의 하나님 여호와께 제물로 드리자고 해서, 마땅히 죽여야 했지만 그 중에서 가장 좋은 양과 소를 희생 제물로 가져왔다고 변명했다.

사무엘은 사울에게, "죄인 아말렉 사람을 진멸하되, 다 없어지기까

지 하라" 하신 하나님 말씀을 상기시키며, "왜 하나님의 명령에 순종하지 않고 탈취하기에만 급급해서, 하나님이 악하게 여기시는 일을 했느냐"고 질책했다.

사무엘은 사울 왕에게, "여호와께서는 순종이 제사보다 낫고, 말씀을 듣는 것이 수양의 기름보다 낫다"고 하며, "거역하는 것은 사술의 죄와 같고, 하나님 말씀에 순종하지 않고 제 고집대로 행하는 것은, 죽은 우상에게 절하는 죄와 같다"고 꾸짖었다. 사울 왕은 이 명령을 거역한 죄로 하나님께 버림을 받았다(삼상 15: 1-23).

번제는 하나님께 온전한 헌신을 상징하는 제사이고, 속죄제는 죄를 용서받기 위해 드리는 제사다. 그러나 하나님께서는 "사람이 번제로 하나님을 온전히 섬길 수 없고, 속죄제로 죄를 온전히 씻음 받을 수 없다." 하시면서, "율법을 따라 드리는 번제나 속죄제를 원하시지 않고, 기뻐하시지도 않는다" 하셨다.

하나님께서 명하신 것 외에, 인간의 어떤 것(혹은 방법)을 더 하거나(인간의 의욕) 덜 하는 것은, 하나님 뜻대로 행하는 것이 아니다. 가장 좋은 짐승을, 하나님께 희생 제물로 드리겠다는 사울 왕의 마음(인간의 의욕)이, 인간적으로는 이해가 되고 칭찬받을 만하지만, 그러나 그것은, 하나님께서 죽이라고 하신 것을 거역한 불순종이다. 이와 같이 사람의 생각에는 좋은 것 같지만, 하나님 뜻에는 부합하지 않는 것들을 잘 살펴야 한다.

하나님은 말씀하시기를, "헛된 제물을 드리며 예배를 드리고 절기를 지키는 것은, 가증하고 악한 행위라며 견디지 못하겠다" 하셨다. 하나님께서 경계하시는 헛된 제물은 어떤 것일까?

하나님께서는 당신이 예물을 드릴 때, 형제에게 원망들을 만한 일이 있으면, 그 예물을 제단 앞에 두고, 먼저 가서 그 형제와 화목하고, 그후에 와서 예물을 드리라 하셨다. 당신이 형제와 화목하지 못하고, 원망들을 만한 일을 마음에 품은 채 예물을 드리는 것은, 마치 하나님께 병든 것이나, 저는 것이나, 비루먹은 희생 제물을 드리는 것과 같이 온전한 예물(제물)이 아니기 때문이다.

하나님은 예배를 중요하게 여기시지만, 그보다 더 우선적으로 원하시는 것은, 당신이 당신의 삶의 현장에서 하나님 말씀에 순종하는 것이다(삼상15: 22). 왜냐하면 하나님께서는, 그의 말씀에 화합하지 않고, 신앙과 생활이 서로 다른 이중생활을 하면서 드리는, 형식적인 예배를 경계하시기 때문이다.

오늘날 교회 공동체의 많은 구성원들은, 하나님께 물질을 많이 드리는 것을 예배의 질과, 믿음의 척도로 생각하고 평가하는 경향이 많다. 그래서 많은 교회 공동체들이, 그 공동체의 중요한 일을 결정하는 지도자를 선출할 때, 헌금의 비중이 우선적인 참고 사항이 되기도 한다. 그 결과, 하나님을 섬기는 교회 공동체의 믿음과 신앙의 가치 기준이, 세상에서처럼 물질의 가치로 평가되는 저급한 경향이 종종 발생하기도 한다.

하나님께서는 이들이 형식적으로 지키는, 절기나 모임을 기뻐하실 리가 없을 뿐 아니라, 그들의 어떤 예배나 예물도 돌아보시지 않을 것이고, 그들이 부르는 어떤 노래나 찬송도, 그리고 아름다운 악기 소리도 듣지 않겠다고 하셨다. 신랑을 기다리는 주님의 신부인 당신은, 이런 못된 행위는 하지 않을 것이다.

내가 전도사 시절 어떤 교회의 젊은 청년 집사가, 새해 그의 기도 제목을 말했다. 그는 "자기 교회에서 십일조를 제일 많이 하는 것이 금년 기도 제목"이라고 했다.

그 청년은 자기 교회에서 십일조를 제일 많이 하는 것이, 가장 크고 귀한 믿음으로 생각하고, 십일조를 많이 할수록 하나님께 큰 영광이 되는 것으로 믿고 있는 것 같았다. 역설적으로 생각해 보면, 새해에는 그가 자기 교회에서, 돈을 제일 많이 벌고 싶다는 욕망을 갖고 있는 것은 아닐까? 하나님은 과연 이런 기도를 어떻게 생각하실지 궁금하기도 하다.

하나님께서는 사람들에게, 물질을 요구하실 정도로 궁핍하시지 않다. 그는 모든 피조 세계를 창조하신 분으로, 아무것도 부족함이 없으신 분이시기 때문이다. 그가 당신에게 요구하시는 것은 오직 믿음뿐이다. 하나님의 모든 일은 믿음으로 하는 것이기 때문이다. 그러므로 당신이 어떤 예물을 드리든지 믿음으로 한다면, 하나님은 기뻐하실 것이다. 말씀에는 순종하지 않으면서, 하나님께 예물을 드리는 것은, 헛된 예물을 드리는 것이기 때문이다.

❖ 부정한 신부는 하나님 영광을 가로채려 한다

모세는 하나님 모습이 너무 궁금해서 한번 보고 싶었다. 그는 여호와 하나님께, 주의 영광스러운 모습을 보여 달라고 호소했다. (출33: 18). 여호와께서는 모세에게, "나의 모든 거룩한 모습을 네 앞으로 지나게 하고, 나 여호와의 이름을 네 앞에 반포하겠다" 하시면서, 모세 앞으로 자신의 형상(모습)을 지나가게 하시겠지만, 얼굴은 보지 못할 것이라고 하셨다.

하나님께서 태초에 해를 창조하실 때, 인간이 그 빛을 직접 바라볼 수 없게 지으셨다. 태양도 바라볼 수 없게 지음 받은 존재가, 그 태양을 창조하신, 영광스러운 하나님의 얼굴을 어떻게 볼 수 있겠는가?

여호와 하나님께서 모세에게, 자신의 얼굴을 보이지 않는 것은, 허물 많은 인간이 거룩하신 하나님의 얼굴을 보는 순간, 살아남을 자가 없기 때문이라고 하셨다. 그래서 하나님께서는 자신의 영광스러운 형상이 모세 앞을 지나실 때, 모세를 반석 틈에 두시고, 하나님이 지나도록, 여호와의 손으로 모세를 덮으셨다가 그 손을 거두시므로, 모세가 여호와의 등은 보고, 얼굴은 보지 못하게 하셨다(출33: 18~23).

요14: 8~11에서 제자 빌립은 예수님께, 아버지를 보여 달라고 했다. 그러나 예수님은, 아버지가 어떻게 생기셨다고 가르쳐 주시지는 않고, "나를 본 자는 아버지를 본 것"이라고 하셨다. 하나님은 영이시다. 그는 영원만세의 왕. 곧 썩지 않고 보이지도 않고, 홀로 하나이신 분이며, 존귀와 영광이 영원 무궁토록 있으신, 거룩하신 분이시다(요4: 24, 딤전1: 17). 그분은 "사람에게 영광을 취하지 않으실 뿐 아니라(요5: 41), 그의 영광을 다른 자(인간이나 우상)에게 주지도 않겠다(사42: 8, 48: 11)" 하셨다.

사42: 8, 11

8] 나는 여호와니 이는 내 이름이라 나는 내 영광을 다른 자에게, 내 찬송을 우상에게 주지 아니하리라 ……

11] 내가 나를 위하며 내가 나를 위하여 이를 이룰 것이라 어찌 내 이름을 욕되게 하리요 내 영광을 다른 자에게 주지 아니하리라

하나님께서는 사람에게 영광을 취하지 않는다고 하셨는데, 그러면 성경은 왜 인간이 하나님께 영광을 돌려야 한다고 말씀하시는 것일까?

과거 우리나라 궁중 역사에서는, 임금이 그 아들(왕자)에게 자신의 모든 것을 다 주었지만, 권력만은 나누려하지 않았다. 그래서 왕의 아들이라도 아버지의 왕권에 도전하는 것은 역모 죄로 다스렸다.

하나님께서는, 인간이 하나님의 영광을 대신 받으려는 것은, 하나님 권위에 도전(방해 또는 가로챔)하는 행위로 간주하신다. 하나님은 오직 한 분이시듯, 영광 받으셔야 할 분도 오직 여호와 하나님 한 분뿐이기 때문이다.

하나님께서는 구약에서 선민 이스라엘에게, 자신의 영광을 나타내심으로, 자기가 영광 받으셔야 할 존재임을 스스로 밝히셨다. 이로 인해 선민 이스라엘 백성이나, 주변의 이방국가 백성들도, 하나님이 영광스럽고 존귀하신 존재일 뿐 아니라, 위대하시고 전능하신 여호와 하나님이심을 알게 되었고, 그 하나님을 경외하고 두려워했다.

반면 신약에서는 영광스럽고 존귀한 분으로서, 그 아들 독생자 예수 그리스도를 통해서, 세상 모든 사람들에게 영광 받기를 원하셨다. 하나님은 인간에게 영광을 강요하시지는 않지만, 그러나 인간에게, 찬송과 영광 받으셔야 할 이유와 목적을 다음과 같이 명백하게 말씀하셨다.

사43: 7, 21

7] 무릇 내 이름으로 일컫는 자 곧 내가 내 영광을 위하여 창조한
   자를 오게 하라 그들을 내가 지었고 만들었느니라

21] 이 백성은 내가 나를 위하여 지었나니 나의 찬송을 부르게 하려
함이니라

당신(인간)이 하나님께 영광을 돌리지 않으면, 하나님은 영광스럽지 못하게 되는 것일까? 구름이 태양을 가리고, 또 밤이 되어 어두워져도, 태양의 빛의 질량에는 여전히 변함이 없다. 이는 하나님께서, 태양의 빛을 아무것에도 영향을 받지 않고, 스스로 빛을 발하도록(발광체) 창조하셨기 때문이다.

이와 같이 하나님은 스스로 영광 그 자체이시다. 그러므로 당신(인간)이 하나님께 굳이 영광을 돌리지 않아도, 그의 영광에는 아무런 영향을 끼치지 못한다. 하나님 그분 자신이 영광이시기 때문이다. 그럼에도 성경이 "하나님께 영광 돌리라" 하신 것은, 그것이 당신(인간)을 지으신 창조주 하나님의 뜻이며, 하나님께 지음 받은 당신(인간)의 본분이기 때문이다.

위 본문 말씀대로, 하나님께서는 영광과 찬송을 받기 위하여, 인간을 지으셨고 또 만드셨다. 그러므로 당신이, 하나님께 영광을 돌리고 그를 찬양하는 것을, 자랑하거나 공로로 인정받아야 하는 것이 아니다. 이는 하나님께 지음 받은 존재로서 마땅히 해야 할 본분이며 의무이다. 그러므로 누구든지, "하나님께서 나 때문에 영광 받으셨다"며, 자신의 공로를 내세우거나 자랑할 근거는 없는 것이다. 하나님의 영광은 사람의 공로에 의해 더 하거나 덜 하는 것이 아니기 때문이다.

하나님께서 찬송과 영광을 얼마나 받고 싶으셨으면, 그 일을 전문적으로 행할 존재로 당신(인간)을 택하시고 지으셨겠는가? 그러므로 만일

누구든지, 주의 이름으로 권능을 행하고, 그 영광을 하나님 아버지께 돌리지 않고 자기가 취하려 한다면, 이는 "주여 주여 하면서 불법을 행하는 것"이 된다.

교회 공동체에서는, 많은 구성원들이 하나님께 영광 돌리는 간증을 한다. 그러나 가끔은 자신의 성공과 명예와 공로와 또는 세상 자랑거리들이, 마치 하나님께 영광이라도 되는 것처럼, 이상한 간증을 듣게 된다. 이는 자신의 세상 축복이, 마치 하나 님께 영광이 되는 것처럼 잘못 인식하고 있기 때문이다.

예수님은 요15: 8에서, "너희가 과실을 많이 맺으면, 내 아버지께서 영광을 받으실 것이요, 너희가 내 제자가 되리라" 하셨다. 하나님께 영광이 되는 것은, 썩는 양식(세상 자랑)을 위하여 일하지 않고, 영생하도록 있는 양식(영혼 구원)을 위하여 일하는 것으로, 이 땅에 예수님을 보내주신 이의 뜻을 행하며, 그의 일(영혼 구원)을 온전히 이루는 것이다(요4: 24~26, 5: 25~29, 6: 28~40).

하나님께서는 예수 그리스도를 통하지 않고 직접 당신에게 영광을 받지 않으신다. 그래서 모든 생명을 살리고 심판하는 권세를, 그 아들 예수 그리스도에게 주시고, 하늘과 땅에와 땅 아래 있는 자들로 모든 무릎을 예수님의 이름 앞에 꿇게 하신 것이다. 이는 당신(인간)이 하나님의 아들 예수 그리스도를 주인으로 증거하는 삶을 통해서만 하나님께 영광이 되게 하셨기 때문이다(요5: 22~23, 빌2: 9~12).

❖ 부정한 신부에게는 성전 문을 닫고 싶어 하시는 하나님

자식은 자기를 낳아주신 어버이를 공경하여, 그의 말에 기쁘고 즐겁게 순종하고, 종은 자신의 생계를 책임져 주는 주인에게, 감사한 마음으로 열심히 일을 해서 보답을 한다. 그러나 말라기 선지자 시대의 제사장들은, 그들이 하나님의 종이고 자녀이면서도, 하나님께 어떻게 했는가? 하나님께서는 당시의 부패하고 타락한 제사장들에게 다음과 같이 질책하셨다.

말1: 7~10

7] 너희가 더러운 떡을 나의 단에 드리고도 말하기를 우리가 어떻게 주를 더럽게 하였나이까 하는도다 이는 너희가 주의 상은 경멸히 여길 것이라 말함을 인함이니라

8] 만군의 여호와가 이르노라 너희가 눈먼 희생으로 드리는 것이 어찌 악하지 아니하며 저는 것, 병든 것으로 드리는 것이 어찌 악하지 아니하냐 이제 그것을 너희 총독에게 드려보라 그가 너를 기뻐하겠느냐 너를 가납하겠느냐

9] 만군의 여호와가 이르노라 너희는 나 하나님께 은혜를 구하기를 우리를 긍휼히 여기소서 하여 보라 너희가 이같이 행하였으니 내가 너희 중 하나인들 받겠느냐

10] 만군의 여호와가 이르노라 너희가 내 단 위에 헛되이 불사르지 못하게 하기 위하여 너희 중에 성전 문을 닫을 자가 있었으면 좋

신랑을 기다리는 신부처럼

겠도다 내가 너희를 기뻐하지 아니하며 너희 손으로 드리는 것을
받지도 아니하리라

하나님은 말라기 선지자 시대의 제사장들에게, "나는 너희 제사장의
아비이며 주인인데도, 너희 제사장들은 나를 공경하지도 않고 두려워
하지도 않았다. 그러면서도 너희는 말하기를, '우리가 언제 주의 이름
을 멸시하였느냐'고 반문한다" 하셨다.

하나님은 또 그들에게 "너희 제사장들은 부서지고, 더러운 떡을 나
의 단에 드리고, 또 눈멀고, 병들고, 절며, 비루먹은 희생 제물을 드리
고는, '우리가 언제 그런 것을 드려, 주를 멸시하고 더럽게 했느냐?'고
반문한다" 하셨다. 하나님은 그들에게, "이런 것을 너희 총독에게 드
려 보라, 그가 너희를 기뻐하며 너희를 가만 두겠느냐" 하시며 책망하
셨다.

하나님께서는 그의 종이나 자식이 아닌 이방 민족일지라도, 그들이
이 세상 어디에서라도, 하나님의 이름을 위하여 깨끗한 제물을 드리며
분향(예배)한다면, 이는 하나님의 이름이 이방 민족 중에서 크게 될 것이
라고 하셨다. 비록 이방 민족일지라도, 하나님을 두려워하고 공경하며
드리는 예물이나 예배는, 하나님께서 기뻐하시며 받으신다는 말씀이다
(말1: 11).

제사장들이 하나님께 제물로 드린 떡은, 부서지고, 더러운 것으로,
정갈하지 못하고 지저분해서, 제물로 쓰기에는 너무도 번거롭고, 폐가
되며, 기가막힐 정도로 형편없는 떡이었다. 심지어 남을 협박하고 공갈
쳐서 빼앗은 재물을 예물로 드렸고, 저는 것과, 눈먼 것과, 병든 것과,

비루먹은 생축을 희생 제물로 드렸다. 하나님께서 이런 것을 받으실 리가 없다.

하나님께서는 "흠 있는 것을 눈속임으로 드리면, 저주를 받게 될 것이다" 하시며, 더러운 것을 예물로 드리는 것은, 여호와의 제단을 더럽히는 것일 뿐 아니라, 그 제단 위에 놓여 있는 실과 곧 식물(제물)을 더럽히는 것으로, 이는 하나님의 이름을 더럽히고, 멸시하는 행위라고 심각하게 경고하셨다(말1: 12~14).

하나님은 이들에게, 하나님의 제단 위에 헛된 예배를 드리지 못하게 하기 위해, "우리 중 누군가가 성전 문을 닫을 자가 있었으면 좋겠다"고 하실 정도였다. 그러나 우리 중에 누가 과연, 하나님의 성전 문을 닫을 자가 있겠는가? 만일 누구든지, 하나님께 신령과 진정으로 예배하지 않는다면, 하나님은 그에게, "성전 문을 닫고 싶다"고 하실 것이다.

교회 구성원들 중 어떤 형제들은, 이해관계가 있는 세상 사람들에게는, 열과 성의를 다하여 귀하고 값진 것으로 선물(?)을 하고도, 마치 무슨 잘못이라도 한 것처럼, 공손하게 몸을 낮춘다. 그것도 모자라서 '혹시 선물(?)이 부족하지는 않았을까, 혹시 마음에 들지 않았으면 어떻게 하지' 하면서, 근심·걱정으로 밤잠을 못 이루기도 한다.

그러면서도 하나님께는 성의도 예의도 없이, 아무것이나 아무렇게 드리고는, '이 정도면 충분하겠지' 하며, '나는 하나님께 할 만큼 했다'고 자만할 뿐 아니라, 그에 상응하는 대가를 끊임없이 강요(기도)하기도 한다. 하나님께서는 이렇게, 헛된 예물과 예배를 싫어하시며 받지 않으신다고 하셨다.

제5장

신랑(주님)을 기다리는 신부(성도)

어머니는 어린 자식의 숨소리를 듣고서도, 그 자식의 불편함을 알 수 있다고 한다. 하나님께서는 당신 마음의 생각을 아실 뿐 아니라, 머리카락까지도 세신 바 되신다고 하셨다. 하나님께서는 하나님께 대한 당신의 마음을 다 알고 계신다. 그러므로 당신은 하나님께 정말로 정직해야 한다. 그래야 하나님께 대한 당신의 생각과 말과 행동이 진솔하고 성실할 수 있기 때문이다.

이 단원에서는 신랑을 기다리는 신부(신분: 구원, 단장: 믿음의 행실, 예배: 신앙생활)에 대하여 기술했다.

신랑을 기다리는 신부의 신분(구원)

~~~~~~~~~~~~~~~

성경은 우리 구주 예수님을 신랑으로, 그리고 그를 사모하고 기다리는 성도를 신부로 묘사하고 있다. 그렇다면 신랑을 사모하며 기다리는 신부인 당신은 어떤 모습이어야 할까?

신랑이신 주님께서는 그의 신부인 당신이, 주님을 기다리는 그 마음에 대해 잘 알고 계신다. 당신의 신랑이신 주님께서는, 주님에 대한 당신의 믿음이 변치 않기를 기대하신다. 그러므로 온전히 그를 의지하고 순종해야 한다. 그렇게 할 때 당신은, 주께서 언제나 당신을 사랑하고 있다는 것을 알게 될 것이다.

다시 오실 주님을 기다리는 당신은, 주님의 신부로 구원 얻은 성도다. 당신이 구원 얻은 것은 죄(원죄와 자범죄)에서의 구원(행2: 40)이다. 이를 위하여 하나님께서는, 그리스도 예수를 당신의 죗값을 대신하여, 십자가에 피 흘려 죽으시는 화목 제물로 내주셨다. 그리고 당신을 "의롭다(죄사함)" 하시기 위해 다시 살아나셨다. 그러므로 이 예수 그리스도를 믿고 영접하면 당신은 구원 얻은 하나님의 자녀다.

성경은 당신(인간)이, 하나님께 회개해야 할 죄를 말씀하고 있다. 그것은 "대신 죽으시고 부활하신, 예수 그리스도를 구원자로 믿지 않는 것"이다. 그러므로 당신이 이 원죄를 회개해서 구원을 얻고, 세상 죄(자범죄)

를 회개하여 새 생명 가운데 행하는 것(믿음으로 사는 것)이, 구세주를 영접하고 성령으로 거듭나서 하나님의 자녀로 사는 것이다.

세상의 아버지(육신의 아버지)가 자기의 모든 것(소유와 권한)을 자식에게 넘겨주면서(상속) 자기의 후계자로 삼는 것처럼, 하나님 아버지께서는 회개한 당신을, 자기 자녀로 삼았다는 확실한 보증으로 당신 마음에 성령을 주셨다(고후1: 21~22).

행2: 38 이하에서는 구원 얻은 당신에게 성령을 주심에 대하여, 다음과 같이 약속하고 있는데, 이는 주님(신랑)을 기다리는 당신의 신분(하나님의 자녀가 됨)에 관한 말씀이기도 하다(사53: 4~6, 욜2: 28~32, 행2: 16~21, 롬3: 25, 4: 25 등과 관련).

행2: 38~40

38] 베드로가 가로되 너희가 회개하여 각각 예수 그리스도의 이름으로 세례를 받고 죄 사함을 얻으라 그리하면 성령을 선물로 받으리니

39] 이 약속은 너희와 너희 자녀와 모든 먼데 사람 곧 주 우리 하나님이 얼마든지 부르시는 자들에게 하신 것이라 하고

40] 또 여러 말로 확증하며 권하여 가로되 너희가 이 패역한 세대에서 구원을 받으라 하니

❖ 주님을 기다리는 성도는 회개하고 거듭난 하나님의 자녀다

당신이 회개한 것은 하나님의 아들 예수 그리스도께서, 당신의 죄를

대신해서 십자가에 피 흘려 죽으시고, 또 당신의 영생을 위해, 죽은 자 가운데서 다시 살아나셔서, 하나님 보좌 우편에 계시다가, 마지막 때 당신(구원 얻은 그의 신부)을 데리러 오시겠다는, 약속의 말씀을 믿지 않은 것을 죄로 인정하고 회개하여, 대신 죽으신 예수 그리스도를 구원자로 영접한 것이다.

그러므로 회개는 세상 욕망을 이루기 위해 살던, 당신의 삶(옛사람)을 버리지 않고는 불가능하다. 그래서 회개하고 거듭난 당신은, 이제 당신을 사랑해서 당신을 위하여 당신 대신 죽으시고 부활하신, 하나님의 아들 예수 그리스도를 위해(믿는 믿음) 살기로 결단하게 되는 것이다(갈2: 19~20, 고후5: 15).

성경 눅19: 1~10에서는 삭개오의 구원에 대하여 다음과 같이 소개하고 있다.

삭개오는 예수님에 대하여 평소에 관심이 많았다. 그러던 어느 날 소문으로만 듣던 그 예수님이, 자기 집 앞으로 지나가신다고 했다. 길거리에는 이미 수많은 사람들이 모여 있었는데. 유난히 키가 작은 그는 많은 사람들의 틈을 비집고 들어갈 수가 없었다. 그는 예수님이 지나가는 길목 앞으로 달려 나가, 뽕나무에 올라가 예수님이 지나가시기를 기다리고 있었다.

예수님은 그 앞을 지나다 삭개오를 올려다보시고는, "삭개오야 속히 내려오라, 내가 오늘 네 집에 머물겠다" 하셨다. 그는 급히 내려와 즐거워하며, 예수님과 그 무리들을 자기 집으로 모셔 들였다.

삭개오는 누가 무어라고 말하지 않았는데도, 예수님을 영접하는 순간(원죄 사함), 지금까지 자신의 삶이 잘못되었음을 깨닫고, 이제부터라도 죄(자범죄)에서 돌아서서 바르게 살기로 결심했다. 그래서 예수님을 모시고 그 무리들과 함께 자기 집에 들어 오자마자, "자기 소유의 절반을 가난한 자들에게 나누어 주고, 만일 토색한 것이 있으면, 네 배로 갚겠다"고 공개적으로 회개하며 약속했다. 이와 같이 구원은 원죄와 자범죄의 회개다.

이는 그가 업무상 부정한 행위로 부자가 되었음을, 간접적으로 인정하는 공개적인 회개의 고백이기도 하다. 그러자 예수님은 "오늘 구원이 이 집에 이르렀으니, 이 사람도 아브라함의 자손이다" 라고 선언하시면서, "인자의 온 것은 잃어버린 자를 찾아 구원하려 함이라" 하셨다.

성경은 삭개오를 세리장이며 부자라고 소개하고 있는데 당시 세리들은 동족들에게, 로마 식민정부에서 책정한 세금 외에 더 많은 금액을 징수하여, 책정 된 금액만 상납하고 나머지는 그들이 착복했다고 한다. 이로 인해 당시 유대인들은 동족을 착취하는 세리들을, 공공연하게 죄인 취급하며 상종하지도 않았다고 한다. 그래서 거룩하시다는 예수 선생이, 삭개오 같은 파렴치한 죄인의 집에 머물기 위해 들어갔다고, 유대인들은 비아냥거렸다.

당신이 회개한 증거는, 당신의 죄를 뉘우치기만 하는 것이 아니라, 삭개오처럼 그 죄에서 완전히 돌아서는 행동을 취하는 것이다. 그래야 그 죄에서 자유하는 것이기 때문이다. 그러나 만일 당신이, 말이나 생각으로는 회개했다고 하면서, 회개한 그 죄에서 돌아서지 않는다면, 당신은 여전히 그 죄에 묶여 있는 것이다.

세리장이며 죄인인 삭개오는, 예수님을 만나 그를 영접(믿음)하는 순간, 자신의 세상 죄(자범죄)를 회개했을 뿐 아니라, 예수님과 피해를 본 사람들 앞에서 그 죄의 행위로 얻어진 세상 유익들을, 모두 제자리로 돌려 놓겠다고 공개적으로 회개하며 약속했다.

교회 공동체의 어떤 사람들은, 회개를 형식적이거나 지적인 것으로 인식하므로, 대신 죽으신 예수를 위해서 사는 신앙생활(예수 이름으로의 세례)을 하지 않고, 자신의 세상 욕망을 이루기 위한 삶의 목표를 여전히 우선시 한다. 그 결과 종교생활(형식적인 신앙)에서 벗어나지 못하고 고민하고 갈등한다.

예수님은 요15: 8에서, "사람이 진정으로 회개를 해야, 열매를 맺고 하나님 아버지께 영광 돌리는, 나의 제자로 살아갈 수 있다"고 말씀하고 있다.

사람은 누구든지 삭개오처럼, 자신의 세상 욕망을 포기하고 회개해야, 자기 죄를 대신해서 죽으신, 그리스도 예수를 위해 살기로 결단할 수 있다(고후5: 15, 갈2: 19-20). 그러므로 진정한 회개를 하기 위해서는, 하나님의 진노로 마땅히 죽어야할 죄에 대한 비참한 인식과 용서에 대한 하나님의 약속의 말씀에 대한 믿음이 필요하다. 그러므로 다시 오실 주님(신랑)을 기다리는 당신은(성도, 신부) 온전히 회개하고 거듭난 하나님의 자녀다. 온전히 회개하지 않고는 주님을 기다리는 믿음이 있을 수 없기 때문이다.

❖ 주님을 기다리는 성도는 예수 이름으로
　세례받고 새(영원한)생명을 얻은 하나님의 자녀다

예수님을 영접하고 회개한 세리장 삭개오처럼, 당신이 예수 이름으로 세례받았다는 것은, 당신을 구원해 주신 주님의 은혜에 감사해서. 그를 위해 살겠다는 마음(믿음)에서, 당신 자신을 위한 삶을 지양하고, 이제는 당신 대신 죽으신, 그리스도 예수님을 위해(고후5: 15) 살기로 결심한 것이다.

그래서 진실로 회개한 당신은, 당신 가족과 이웃과 교회와 하나님 앞에, 당신의 그 신앙의 결단을 고백하고(갈2: 19~20), 그리스도 예수와 함께 영광(하늘나라 영생)을 받기 위하여, 그리스도를 위한(증인) 고난에도 기쁨으로 동참하게 된다(롬8: 14~16). 이는 예수 그리스도로 인하여 하나님 자녀가 되었기 때문이다.

롬6: 3~4

3] 무릇 그리스도 예수와 합하여 세례를 받은 우리는 그의 죽으심
   과 합하여 세례받은 줄을 알지 못하느뇨

4] 그러므로 우리가 그의 죽으심과 합하여 세례를 받음으로 그와 함
   께 장사 되었나니 이는 아버지의 영광으로 말미암아 그리스도를
   죽은 자 가운데서 살리심과 같이 우리로 또한 새 생명 가운데서
   행하게 하려 함이니라(갈2: 19~20, 고후5: 15)

세례(물세례)는 구원 얻기 위해 받는 것이 아니고, 이미 구원 얻은 믿음이 있기 때문에 받는다. 노아와 그 가족이 방주를 예비하고, 홍수심판에서 구원 얻은 것처럼, 물(침례)은 예수 그리스도의 부활하심으로 인하여, 믿는 자를 구원하는 표다(벧전3: 21).

몸에 묻은 더러운 때를 물로 깨끗하게 씻어 내듯이, 당신이 예수 그리스도 이름으로 세례를 받았다는 것은, 오직 믿음의 양심으로 마음의 더러운 죄를 씻어내고, 하나님을 향해 나아가는 것으로(갈2: 19~20), 대신 죽은 예수그리스도를 위해 살겠다는 신앙의 결단을 한 것이다 (고후5: 15).

그러므로 당신이 만일 예수 그리스도 이름으로 세례를 받았다면, 당신은 죄 사함을 얻고 이미 구원 얻은 것이다. 그러므로 당신은 이제 당신 인생에 목표를, 예수 그리스도 보다 세상 자랑거리들을 더 우선시하지는 않을 것이다. 왜냐하면 당신이 예수 그리스도 이름으로 세례를 받음으로 인하여, 당신 자신을 위한 삶을 버렸기 때문이다. 이로 인하여 당신의 삶의 현장에서는, 죄가 당신을 주관하지 못하는 것을 체험하게 될 것이다.

당신은 하나님께로부터 "의롭다" 하심(죄 사함)을 얻음으로, 죄에서 벗어나 자유함을 얻었음으로 죄에 반응할 수 없게 되었다. 그래서 당신은 성령의 인도하심에 의해, 죄의 욕심에 빠지지 않고, 하나님을 향해 살수 있게 된 것이다.

성경은 예수 그리스도께서, 모든 사람을 대신해서 죽으신 이유 는, "산 자들로 하여금 다시는 저희 자신을 위하여 살지 않고, 오직 저희를 대신하여 죽었다가 다시 사신 자를 위하여, 살게 하려 하심이라(고후5: 15)" 고 말씀하고 있다.

그러므로 당신이 그리스도 예수의 죽으심과 합하여 세례를 받 았다면, 당신은 그리스도 예수 안에 있는 것이므로, 혈과 육으로 난 옛사람의 삶의 가치는 다 버리고, 이제는 하나님께로부터, 새 생명(영생)을 받은 새로운 피조물이 된 것이므로, 하늘의 가치(위엣 것)를 추구하는 새 생명으로 살게 되는 것이다.

그래서 하나님께서는, 그리스도 예수 이름으로 세례받은 당신을, 자기와 화목케 하시고, 또 당신에게 화목하게 하는 직책을 주시고, 화목케 하는 말씀(구원의 복음)을 부탁(증인)하신 것이다. 그러므로 이제 당신은 당신 자신뿐 아니라, 이웃을 하나님과 화목(구원)하게 해야 할 책임과 의무가 있다(고후5: 15~20).

당신이 그리스도 예수와 합하여 세례를 받았다는 것은, 신앙의 결단 없이 물로 세례(침례)를 받고, 교회 구성원의 일원이 되었다는 것이 아니다. 이는 세상 자랑을 이루려는 당신의 육신적 욕망보다 먼저, 당신을 위해 대신 죽으신 그리스도 예수를 위해, 당신 인생을 투자하겠다는 신앙의 결단을 확실하게 한 것이라고 할 수 있다.

어떤 사람이 교회 구성원의 일원이 되었다고 해서, 다 그리스도 예수와 합하여 세례받은 것은 아니다. 성경 갈3: 27은 사람이 그리스도 예수와 합하여 세례받는 것은, 그리스도로 옷 입은 것이라고 다음과 같이 말씀하고 있기 때문이다.

갈3: 27
누구든지 그리스도와 합하여 세례를 받은 자는 그리스도로 옷 입었느니라

사람들은 어떤 옷을 입을까에 대하여 많은 관심을 갖고 있다. 그래서 때와 장소와 계절과 연령과 활동성 등 여러 가지를 고려해서 옷을

입는다. 당신이 그리스도로 옷 입었다는 것은, 당신이 언제 어디를 가든지, 또 무엇을 하든지 당신과 함께 하는 사람들이, 당신을 그리스도인으로 인식하고 있다는 것을 의미한다.

혼인을 약속한 젊은이가, 몸과 마음을 순결하게(신실한 믿음) 유지하는 것처럼, 당신이 그리스도로 옷 입었다는 것은, 영원히 멸망할 수밖에 없었던 당신의 더러운 죄를 회개하여, 하나님께로부터 예수 그리스도의 피로 말미암는 죄 사함을 얻고, "의롭다" 하심을 얻은 하나님의 자녀(구원)가 된 것을, 하나님과 교회와 당신 주변 사람들에게 시인하는 믿음의 행위이다.

당신이 회개한 증거는 예수 이름으로의 세례받음인데, 이는 아버지의 능력으로, 그리스도 예수를 죽은 자 가운데서 다시 살리신 것과 같이, 당신의 옛사람은 죽고, 하나님께 새 생명을 받은 새사람으로 살겠다는 신앙의 결단을 한 것이다(롬6: 3~4). 이는 당신 자신을 위한 세상 가치관(정욕)을 버리고, 당신 대신 죽으신 그리스도를 위한 하늘나라 가치관(영혼구원)을 추구하는, 새 사람으로 살겠다는 신앙을 결심한 것이다(고후5: 15, 갈2: 20).

❖ 주님을 기다리는 신부는 죄 사함을 얻고 "의롭다" 하심을 얻은 하나님의 자녀다

당신이 구원 얻은 것은 당신의 기도나, 노력이나, 공로나 선행이나, 봉사나, 또는 신앙의 수준(성숙도)에 의함이 아니다. 이는 순전히 하나님의 긍휼과 자비하심으로 회개하는 자의 죄를 용서하시겠다는 약속의

말씀을 믿는 믿음으로 되는 것이기 때문이다. 성경은 이에 대해 다음과 같이 말씀하고 있다

요일1: 9 만일 우리가 우리 죄를 자백하면 저는 미쁘시고 의로우사 우리 죄를 사하시며 모든 불의에서 우리를 깨끗케 하실 것이요

히11: 6 믿음이 없이는 기쁘시게 못 하나니 하나님께 나아가는 자는 반드시 그가 계신 것과 또한 그가 자기를 찾는 자들에게 상 주시는 이심을 믿어야 할지니라

사1: 18 여호와께서 말씀하시되 오라 우리가 서로 변론하자 너희 죄가 주홍 같을지라도 눈과 같이 희어질 것이요 진홍같이 붉을지라도 양털같이 되리라

당신이 죄에서 구원 얻기 전에는, 마음에 있는 허망한(세상) 욕심을 이루려고 애쓰며, 하나님을 거부하는 미련한 고집으로, 영원한 생명에서 떠나 있었다. 그래서 마치 아무 생각도 없는 하루살이 인생처럼, 죄를 죄로 인식하지도 못하고 세상 자랑거리들을 쫓아 다니며 바쁜 일상을 살았다. 그뿐 아니라 모든 생각과 말과 행동이, 세상의 더러운 욕망에 사로잡혀, 스스로 방탕해져서 세상을 방황하며, 썩어 없어질, 옛 풍습을 쫓는 옛사람이었다(엡4: 17~22).

그러나 하나님 아버지께서는 죄를 회개한 당신에게, 그 아들 예수그리스도의 피로 말미암는 죄 사함의 은혜를 베풀어 주시고 "의롭다" 하

셨다. 이로 인하여 당신은 거룩한 진리의 말씀으로 지으심을 받은, 새 사람으로 거듭나게 되었다. 이는 당신이 인간을 창조하신 하나님의 형상과 모양으로의 회복이며, 하나님 말씀을 아는 지식에까지, 새롭게 하심을 받은 것이다.

그러므로 당신이 구원 얻은 것은, 당신의 옛사람은 죽고 새 사람으로 거듭난 것이다. 이로 인하여 당신에게 영원한 새 생명(하나님의 생명: 부활)이, 그리스도 예수와 함께 하나님 안에 감추어져 있는 것이다. 이 영생에 대한 열매는, 신랑되시는 주께서 공중으로 다시 오실 그때에, 당신을 영광 중에 데려가심으로 확연하게 나타나게(부활) 될 것이다(골3: 3~10).

죄 사함은 하나님께서 당신의 죄를 용서하시고 '의롭다' 하셨다는 하나님의 용서의 약속에 대한 당신의 믿음으로 된다. 구원은 이와 같이 예수 그리스도의 대속에 대한 당신의 믿음(신앙의 결단)과 하나님의 죄 사함에 대한 믿음으로 된다.

❖ 주님을 기다리는 신부는
   성령을 선물로 받은 하나님 자녀다

하나님께서 당신에게 구원과 동시에 주시는 성령의 선물도, 사람이 구해서 주시는 것이 아니다. 이는 하나님 아버지께서 구원 얻은 자 누구에게나 주시겠다고 선지자(욜2: 28~32)를 통해서 미리 약속하셨기 때문에, 어떤 대가나 조건 없이 믿는 자 누구에게나, 거저 주시는 선물이다(욜2: 28~32).

행2: 38

베드로가 가로되 너희가 회개하여 각각 예수 그리스도의 이름으로
세례를 받고 죄 사함을 얻으라 그리하면 성령을 선물로 받으리니

당신이 죄 사함을 얻었다는 것은, 예수 그리스도의 이름으로 세례받
은 증거이고 이는 동시에 구원 얻은 것이다. 그래서 하나님께서는 자기
가 약속하신 대로, 구원 얻은 당신에게 성령을 선물로 주신다.

하나님께서 당신에게 성령을 선물로 주신 것은 다른 많은 이유와 목
적도 있지만, 먼저는 당신이 하나님의 자녀라는 확실한 보증이며, 이는
또 당신 자신을 위한 삶보다 먼저, 당신을 대신해서 죽으신, 예수 그리
스도를 위해 살게 하려는 것이다. 이것이 바로 새 생명(롬6: 4)으로 사는
것이다(고후5: 15,갈2: 19).

마지막 때 신랑되신 주님이 공중으로 오실 때, 그를 맞이할 수 있는
주님의 신부는, 죄를 온전히 회개하고, 예수 그리스도 이름으로 세례
를 받아, 죄 사함을 얻고, 성령을 선물로 받은 구원 얻은 자들로서, 회
개에 합당한 열매를 맺는 성도들이다.

어떤 사람이 죄를 회개하지 않는 것은, 자기가 죄인이라는 사실을
모르거나 인정하지 않는 불신자다. 또 자기가 죄인이라는 사실은 인정
하면서도, 그 "죄의 삯은 사망"이라는 성경의 판결을 인정하지 않고, 불
평하고, 변명하는 것은, 인격적인 회개를 한 것이 아니고 후회의 차원
이다. 이는 예수 이름으로의 세례(신앙결단)를 받지 않은 것임으로 회개의
열매(구원 얻은 자로서의 삶)를 맺지 못한다.

그러나 복음에 의해, 죄인이라는 비참한 사실을 깨닫고, 죄를 구체

적으로 인정하고 믿음으로 회개하며, "죄의 삯은 사망"이라는 판결을 믿고 죄에서 돌아서면, 하나님 아버지께서 약속하신 대로 죄 사함을 얻고 성령을 선물로 받는다.

성령을 받는 것은 하나님 아버지께서 죄 사함을 얻고 구원 얻은 그의 자녀 누구에게나 주시겠다고 약속(욜2: 28-32, 행2: 16-21) 하신 것이다. 그러므로 당신이 죄 사함을 얻으면 성령을 선물(구하지 않고)로 받는다. 성령은 기도나 금식 등 인간의 어떤 행위나 공로로 받는 것이 아니고, 믿음으로 구원 얻는 것처럼 전적으로 하나님의 약속으로 주시는 믿음의 선물이다.

신랑을 기다리는 신부의 단장(믿음의 행실)

혼인을 약속한 자는 몸과 마음을 곱게 단장할 뿐 아니라, 의복도 항상 깨끗하고 단정하게 하고, 서로를 사모하며 혼인날을 손꼽아 기다린다. 주님을 기다리는 당신(성도)도 이처럼, 몸과 마음과 행실을 바르게 단장하고, 마지막 때 주님 오실 그날을 기다리며 준비해야 한다.

이스라엘이 출애굽하여 광야에 도착했을 때, 하나님께서는 모세에게 옷을 만들어 아론에게 입히고, 제사장 직분을 감당하게 했다. 그 옷은 세마포 에봇(직임수행의 예복)과 겉옷과 반포 속옷이었다.

① 마음단장(믿음)	② 행실단장(행위)	③ 몸단장(신분)
속옷	겉옷	에봇
구원의 옷	의의 세마포	예복
죄 사함	거듭남, 부활, 새 생명	성령선물
사61: 10, 행2: 38	딤후3: 15, 롬6: 3~4, 히10: 39	마22: 12~13, 행2: 38, 고후1: 21~22

성도가 입어야 할 그리스도의 옷

출28: 4, 42

4] 그들의 지을 옷은 이러하니 곧 흉패와 에봇과 겉옷과 반포 속옷
과 관과 띠라 그들이 네 형 아론과 그 아들들을 위하여 거룩한
옷을 지어 아론으로 내게 제사장 직분을 행하게 할지며(레16: 4)

42] 또 그들을 위하여 베로 고의를 만들어 허리에서부터 넓적다리까
지 이르게 하여 하체를 가리게 하라

❖ 주님의 신부는 마음단장(순결한 믿음의 속옷)을 해야 한다

성경 갈3: 26~27에서는 "누구든지 그리스도 예수와 합하여 세례를
받으면, 그리스도로 옷(속옷, 겉옷, 예복: 에봇) 입은 것이다"라고 말씀하면서 이
는 "그리스도 예수를 믿음으로 하나님의 아들이 된 것"이라고 말씀하
고 있다.

사람들이 일반적으로 입는 속옷은, 누구에게 보이기 위함이 아니라,
자신의 연약한 지체를, 부드럽게 감싸서 보호하기 위함인 것처럼, 속옷
을 입는 것은 죄 사함을 얻고 구원 얻음과 같다. 구원의 속옷을 입는
것(마음단장)은, 하나님께서 그의 긍휼하심과 자비하심으로, 인간의 연약
한 죄를, 예수 그리스도의 보혈로 감싸듯이 덮어 주심(죄 사함)을 상징하
며, 신앙의 가장 핵심이 되는 기본이다.

하나님 아버지께서는 세상 모든 사람들을, 허물과 죄악에서 구원하
시기 위해, 그 아들 예수 그리스도의 피로 인하여, 믿음으로 말미암는

화목제물로 세우시고, 이를 믿고 회개하는 자마다 죄를 사하시고 "의롭다" 하시기 위해 다시 살아나게 하셨다(사 53: 4~5, 롬3: 25, 4: 25).

성경 사61: 10에서는 하나님의 백성들이, 여호와 하나님 아버지께서 구원의 옷을 입혀 주심으로, 하나님을 크게 기뻐하며, 영혼이 하나님으로 즐거워 한다고, 다음과 같이 고백하고 있다.

사61: 10
내가 여호와로 인하여 크게 기뻐하며 내 영혼이 나의 하나 님으로 인하여 즐거워하리니 이는 그가 구원의 옷으로 내게 입히시며 ……

하나님께 선택을 받은 이스라엘 민족은, 하나님께서 그들을 구원해 주신 은혜에 감사하여, 날마다 기쁨과 감사의 찬송을 불렀다. 당신도 이처럼, 하나님께서 당신을 구원해 주신 은혜에 진실로 감사할 수 있어야, 당신이 날마다 하나님으로 인하여 크게 기뻐하며 즐거워할 수 있다. 이는 마치 자식이 자기를 낳아 주신 부모의 은혜가, 세상에서 가장 큰 감사임을 알아야, 그 부모에게 평생 기쁨으로 순종하는 것과 같다.

당신이 만일 구원 얻은 하나님의 자녀라면, 당신은 하나님께 구원 얻은 은혜가 얼마나 큰 기쁨이고 감사한 것인지를 알 수 있을 것이다. 뿐만 아니라 하나님께서 당신을 향한 뜻이 무엇인지도 알 수 있게 된다. 이에 대해 성경은 다음과 같이 말씀하신다.

살전 5: 16~18
16] 항상 기뻐하라

신랑을 기다리는 신부처럼

17] 쉬지 말고 기도하라

18] 범사에 감사하라 이는 그리스도 예수 안에서 너희를 향하신 하
　　나님의 뜻이니라

연약한 인생에 어떻게 항상 기쁨이 있을 수 있을까?

그러나 성경은, 슬플 때나 괴로울 때도 "항상 기뻐하라"고 하신다. 이는 영원한 멸망의 무서운 심판을 받을 존재가, 하나님의 한량 없는 긍휼하심과 자비하심으로 구원하심의 은혜를 입은 것이, 세상의 그 어떤 슬픔과 괴로움도 극복할수 있는, 새 생명으로 태어난 기쁨이 있기 때문이다."쉬지 말고 기도하라" 하심은 하나님께 믿고 구하는 자에게는 항상 응답하시는 분이심을 말씀하심이다. 아무리 구해도 주지 않는다는 것을 안다면 누가 구하겠는가?

"범사에 감사하라" 하심은 좋은 일에만 감사하지 말고, 슬픈 일에도 감사하라는 말씀이다. 하나님께서는 합력하여 선을 이루시는 분이기 때문이다. 위의 말씀들은 믿는 자들에게 요구하시는 하나님의 뜻이다.

그러나 오늘날 교회 공동체에 속한 많은 형제 자매들은, 자기 기분(감정)에 따라 생각하고 말하고 행동한다. 하나님께 기도하기에 앞서 사람을 찾아가고, 세상 방법으로 해결하려고 하며, 범사에 감사하기보다는 조건을 찾아 감사하고, 하나님의 뜻을 헤아리기보다는 자신의 편리와 유익을 쫓기에 급급하다.

당신이 만일 구원 얻은 하나님의 자녀라면, 당신에게는 세상이 주는 기쁨보다 더 크고 영원한 기쁨이 있을 것이다. 그것은 바로 예수 그리스도께서 당신에게 주시는 구원의 감사와 감격의 기쁨이다. 그래서 구

원 얻은 당신은, 비록 세상에서의 슬픔과 괴로움이 있을지라도, 주님이 주시는 기쁨과 즐거움으로, 다시 오실 주님을 사모하고 소망하며 살 수 있게 되는 것이다. 이는 구원에 대한 확실한 믿음이 있기 때문이며, 이 믿음으로 사는 것이 바로 구원의 속옷을 입은 것이다.

신랑되신 주님에 대한 당신의 믿음은, 당신의 결심(의지)으로 되는 것이 아니다. 이는 당신이 구원 얻을 때 하나님께서 당신에게 주신 성령께서, 당신의 믿음을 굳건히 유지하도록 인도하시기 때문이다. 다시 말하면 하나님께서 당신에게 믿음을 주신다는 의미다.성령께서 당신에게 주시는 믿음은, 전적으로 하나님의 은혜다. 그러므로 당신이 주님의 신부로서 마음을 단장하는 것은, 속옷을 입은 것과 같은 것으로, 죄 사함을 얻고 구원 얻은 믿음을 굳건히 유지하는 것이다.

당신의 믿음이 주님을 향한 열정으로 충만할 때, 당신은 악의 세력을 이기고 승리해서, 하나님 아버지께 영광 돌리는, 예수님의 제자로 살아갈 수 있게 된다. 주께서 세상 모든 악을 이기시고, 아버지의 보좌 우편에 함께 앉아 계신 것처럼, 신랑이신 주님은, 악과 싸워 이긴 당신에게도, 자기와 함께 주의 보좌 우편에 앉게 해 주시겠다고 약속하셨다(계3: 17~21).

신랑과 신부가 몸과 마음을 깨끗하게(순결: 구원의 믿음) 유지하는 것은, 서로가 두 마음을 품지 않고, 변함없이 한 마음(一心)으로 사랑하고 있다는 증거다. 이처럼 당신이 주님의 신부라면 주님에 대한 당신의 마음도 변함없이 한 마음을 유지할 수 있을 것이다.

혼인을 약속한 사람이 마음에 유혹을 받아 그 마음이 변했다면, 그 혼인은 이루어지지 않는 것처럼, 성도가 미혹을 당하여, 세상 유혹에 빠지면, 주님에 대한 '일심(一心)'의 마음은 변한 것이다. 주님을 사랑하는 당신의 마음이 변치 않았다는 증거는, 당신이 주님의 말씀에 기쁨으로 순종하는 것이다. 주님은 이를 "이기는 자"라고 하시면서 흰옷을 입은 것이며, 그 이름을 생명책에서 반드시 흐리지 않고, 아버지와 천사들 앞에서, 그 믿음을 시인해 주시겠다고 약속하셨다(계3: 4~5).

❖ 주님의 신부는 행실단장(믿음의 행실: 겉옷)을 해야 한다

제사장이 속옷 위에 입는 반포 겉옷은, 베로 고의를 만들어 허리에서부터 넓적다리까지 이르게 하여, 제단에 올라갈 때, 인간의 부끄러운 하체(죄)를 가리는 옷이다. 이는(반포:겉옷) 하나님의 한량없는 은혜로 인간의 죄를 용서하시고 "의롭다(행실 단장)"하심을 상징하는 것으로 구원 얻은 자가 믿음으로 행하는 것을 의미한다."사람은 마음에 품은 생각에 따라 행동하게 된다(룸8: 6)" 하신 성경 말씀처럼, 사람의 마음에 품은 생각이 단정해야 그 행실도 바르고 단정하게 된다. 하나님께서 사람에게, 구원의 속옷(마음단장)을 입히시고, 그 위에 반포 겉옷(행실단장)으로 덧입히심은, 그리스도의 순결한 신부로서의, 바른 행실을 의미 한다(사 61: 10).

당신이 주님을 맞이하기 위해서는 어두움의 일을 벗고, 빛의 갑옷(믿음의 행실: 겉옷)을 입어야 한다. 왜냐하면 지금은 주님 오실 날이 가까웠기 때문에, 깊은 밤중처럼 잠을 잘 때가 아니고, 자다가도 깰 때가 되었기 때문이다. 그러므로 주님의 신부인 당신은 낮에와 같이, 행실을 바르고 단정하게(믿음으로) 해야 한다. 당신이 주님의 신부로서 행실을 바르게 하는 것은, 정욕에 빠져 육신의 일을 도모하지 말고, 성령의 인도하심에 순종하는 것이다. 딤3: 15에서는 이것을 구원에 이르게 하는 지혜라고 말씀하고 있다.

옷에 묻은 더러운 때(죄)를, 깨끗하게 씻어 희게할 수 있는 것은, 물로 세탁하는 것이다. 죄악으로 더러워진, 당신의 마음을 정결하게 씻어낼 수 있는 것은, 하나님의 어린 양, 주 예수 그리스도의 거룩하신 피로 죄 사함을 받는 것이다(계7: 13-14).

만일 교회 공동체의 구성원이, 두 마음을 품은 부정한 신부처럼, 세상 풍조를 따라서, 이곳저곳을 두리번거리며 바쁘게 돌아다닌다면, 그는 영적인 생명력을 잃어버리게 된다. 그렇게 되면 경건(거룩한 믿음)의 모양은 있으나 그 능력은 상실한, 허망한 삶이 될 것이다.

당신이 그리스도로 옷 입는 순간(구원), 당신 안에는 하나님의 영이 거하시므로(성령), 당신은 하나님의 거룩한 성전이 된 것이다. 그러므로 구원 얻은 주님의 신부인 당신은, 거룩하신 하나님을 모신 하나님의 성전이 된 것이므로 거룩해야 한다.

그러나 당신이 두 마음을 품고, 헛된 우상에 마음을 빼앗기고 있다면, 이는 더럽혀진 옷을 입고 다니는 것처럼, 당신 자신은 물론 신랑이신 주님을 속이며 기만하는 것이다. 이런 행위를 하는 사람은 살았다 하는 이름(입으로만 믿음)은 가졌으나, 실상은 죽은 것(멸망의 심판)이라고 성경은 말씀하고 있다.

그러므로 당신은 몸과 마음을 예쁘게 단장하고, 구원의 말씀을 어떻게 받았으며, 어떻게 들었는지를 생각하고, 그 구원의 약속의 말씀을 끝까지 믿고 지켜야(믿음의 행실) 한다(계3: 1~3). 이렇게 진실한 마음으로 하나님을 높이고, 그를 마음에 품고(사모함) 믿음으로 산다면(행실단장), 하나님께서는 당신의 머리에 아름다운 면류관을 씌워주실 것이라고 약속하셨다(잠4: 7~10).

❖ 주님의 신부(성도)는 몸단장(예복: 에봇)을 해야 한다

겉에 입는 에봇은, 제사장이 하나님께서 맡기신 직무 수행을 위한 예복이다. 제사장이 이 에봇을 입음으로, 그가 하나님께서 세운 종이며, 대리자임을 백성이 알게하고, 또 그가 하는 일이 하나님의 일임을 알게 하심이다. 이는(에봇) 하나님께서 약속하신 대로, 죄 사함을 얻고 구원 얻은 자에게, 성령을 선물(몸단장)로 주심이다.

신부는 사랑하는 신랑과, 평생을 함께하기 위한 혼인예식을 치르기 위해, 마음과 행실뿐 아니라 몸도 아름답게 단장해 주신다. 성경은 신랑이신 주께서, 사랑하시는 자기 신부인 성도를 은금 패물로 단장시키고, 이 세상에서 가장 존귀한 왕후로 대우하시겠다고 하셨다.

겔16: 9~13

9] 내가 물로 너를 씻겨서 네 피를 없이 하며 네게 기름을 바르고

10] 수놓은 옷을 입히고 물돼지 가죽신을 신기고 가는 베로 띠우고 명주로 덧입히고

11] 패물을 채우고 팔 고리를 손목에 끼우고 사슬을 목에 드리우고

12] 코고리를 코에 달고 귀고리를 귀에 달고 화려한 면류관을 머리
　　에 씌웠나니
13] 이와 같이 네가 금, 은으로 장식하고 가는 베와 명주와 수놓은
　　것을 입으며 또 고운 밀가루와 꿀과 기름을 먹음으로 극히 곱고
　　형통하여 왕후의 지위에 나아갔느니라

　신부가 혼인을 하기 위해 몸을 단장을 할 때는, 몸(마음)에 묻은 더러
운 때(죄)를 물(십자가 보혈)로 깨끗이 씻어내고, 피부를 윤택하게 하기 위해
서 기름(성령)을 바른다. 주님은 주님의 신부인 당신과 혼인을 하기 위해
서, 당신의 몸을 단장시키신다. 이를 위해 주께서는 당신의 추하고 더
러운 죄를, 예수 그리스도의 보배로운 피로 깨끗이 씻어 사하시고, 성
령으로 충만케 해서 좋은 열매를 맺게 하신다.

　그리고 곱게 수 놓은 옷을 입혀주시고, 물돼지 가죽신을 신겨주시
고, 또 목과 팔과 손목에 보석 고리를 채워주시고, 손가락에는 가락지
를 끼워주시고, 코와 귀에 보석 고리를 달아 주시며, 머리에는 화려한
면류관을 씌워 주신다.

　주께서 이와 같이, 신부인 당신을 은금 패물로 장식해 주고, 아름답
게 수 놓은 귀하고 값비싼 비단으로 화려한 옷을 만들어 입히고, 맛
있는 음식과 꿀과 기름을 먹게 해서, 건강하고 아름다운 자태로, 왕
후의 지위에 나아가게 하신 것은, 주께서 성령의 열매와 은사들을 풍
성하게 주시고, 당신이 주님께 사랑받는 존귀한 신부인 것을 알게 하
려 함이다.

　주께서 당신을 데려가실 때는, 아무렇게나 데려가시지 않는다. 왜냐

하면 당신은 만왕의 왕이신, 주님의 고귀한 신부이기 때문이다. 그래서 당신을 온갖 진귀한 보물과 패물로 치장하듯이, 한점 흠도 없이 거룩하게 단장해서(성화) 데려가신다. 그래서 당신을 왕후의 격에 맞게 단장시키시고, 왕후의 지위에 나아가게 하시는 것이다. 구원 얻은 당신은 이와 같이 신랑이신 예수님께 넘치는 사랑을 받는 존귀한 존재다.

　주님의 신부인 당신이, 몸과 마음을 곱고 아름답게 단장해야 하는 것은, 당신의 신랑이신 주님이 존귀하고 거룩하신 분이므로, 그와 혼인하는 신부인 당신도, 그 신분에 합당해야 하기 때문이다. 주께서 당신의 몸을 값지고 귀한 보석과, 아름답고 화려한 의복으로 몸을 화려하게 단장하는 것은, 주님의 신부로서 그의 신분에 합당한 예복을 입혀주심이다. 예수님은 천국을, 어떤 임금이 베푼 혼인 잔치에 비유하셨다.

마22: 10~14

10] 종들이 길에 나가 악한 자나 선한 자나 만나는 대로 모두 데려오니 혼인 자리에 손이 가득한지라

11] 임금이 손을 보러 들어올 쌔 거기서 예복을 입지 않은 한 사람을 보고

12] 가로되 친구여 어찌하여 예복을 입지 않고 여기 들어왔느냐 하니 저가 유구무언이어늘

13] 임금이 사환들에게 말하되 그 수족을 결박하여 바깥 어두움에 내어던지라 거기서 슬피 울며 이를 갊이 있으리라 하니라

14] 청함을 받은 자는 많되 택함을 입은 자는 적으니라

예복을 입는 것은 그의 신분을 나타내는 것이다. 학생은 교복을 입고, 군인은 군복을 입고, 경찰도 그들의 제복을 입는다. 그리고 각 직업에 따라 간호사, 의사, 또는 사원들도 각자 그들의 업무에 맞는 제복을 입고, 그들의 직업이나 속해 있는 공동체에서 자신의 신분을 알리고 각자의 맡은 바 임무를 수행한다. 어떤 임금이 베푼 혼인 잔치의 피로연에 많은 하객이 모였는데 그중 한 사람이 예복을 입지 않았다. 임금이 베푼 잔치에는 임금이 나누어준 예복을 입고 나가야 했다. 임금은 그 백성(신하)에게 그 이유를 물었지만 그는 아무 말이 없었다. 이는 잔치에 초대한 임금을 면전에서 무시하는 행위다. 임금은 사환들에게, 예복을 입지 않은 자의 손과 발을 결박해서, 바깥 어두움에 내어던져, 거기서 슬피 울며 이를 갈게 하라고 명령했다. 주님의 신부가 주님의 거룩하심에 합당한 열매를 맺지 않는 것은, 예복을 입지 않고 임금의 잔치에 참예한 신하와 같은 것이다. 이는 주님을 그의 면전에서 멸시하는 것이다. 그러므로 만일 누구든지 회개에 합당한 열매가 없다면, 그는 마지막 때 천국 문 앞에서 예복을 입지 않은 신하가 당한 수치를 당하게 될 것이다. 결혼을 하는 신부는 혼인 예복으로 깨끗한 흰 드레스를 입는다. 평상복 차림으로 혼인예식을 올리는 신부는 없기 때문이다. 흰 드레스는 그가 신부임을 증명하는 외적인 증거다. 이와 같이 그리스도의 신부(성도)가 그에 합당한 예복을 입는 것은, 그가 주님의 신부임을 밝히는 것인데, 이는 당신이 죄사함을 얻고 구원 얻을 때, 하나님께 선물로 받은 성령의 열매로 인한 은사들이 나타나는 것들이다. 당신에게서 맺어지는 회개의 열매들은 예수 안에서 성령의 열매와 나타나는 은사들로 맺혀진다.

당신이 그리스도로 옷_(예복: 성령)을 입으므로, 주님의 신부임을 당신 자신이 알고, 신랑이신 주님이 보고 계시며, 또 이웃이 알며, 마귀도 알게 된다. 신부가 몸단장을 위해 예복을 입는 것처럼, 당신이 그리스도로 옷 입는 것은 구원의 상징이며, 이는 또 당신이 주님의 신부로서, 회개에 열매를 맺고 있다는 믿음의 증거이기도 하다. 성경은 이것을, 구원의 흰옷을 입는 것이라고 말하며, 이는 당신이 주 예수 그리스도의 피로 구원을 얻고, 하나님 자녀로 살아가는 자세를 의미한다.

때 묻은 더러운 옷을 입고, 혼인 예식장에 나타나는 신부는 없는 것처럼, 만일 누구든지 구원 얻지 못하면, 마지막 때 천국 혼인 잔치에 참예할 수 없다. 그러므로 그리스도로 옷 입지 않으면, 주께서 심판주로 오시는 그날, 수족을 결박당하여 바깥 어두움에 던져져 거기서 슬피 울며 이를 갈게 될 것이다.

오늘날 교회 공동체 구성원 중 많은 사람들은, 신랑이신 주님을 영접하기 위해, 자신이 구원의 예복을 입었는지 아닌지를 모르는 사람들이 많다. 그러나 이것은 혼인예식을 올리는 신부가, 웨딩드레스를 '입었는지 아닌지를 모른다'고, 말하는 것과 같이 어리석은 말이다.

신랑을 기다리는 신부의 예배(신앙생활)

몸과 마음을 아름답고 품위 있게 단장하고, 행실을 바르게 하며 혼인날을 기다리는 신부처럼 주님을 기다리는 구원 얻은 당신은, 그에 합당한 회개의 열매를 맺어야 한다. 그리고 몸으로 산제사를 드리고 세상에서 빛과 소금 되어, 하나님께 영광 돌리는 주님의 증인으로 살아야 한다. 이는 삶의 현장에서, 하나님 말씀을 믿음으로 지켜 행하는 신앙과 생활의 일치이다.

❖ 주님을 기다리는 성도는 회개에 열매를 맺는다

아래 본문에서 세례요한은, 세례받으러 나오는 모든 유대인들(아브라함 자손들: 선민)에게, "회개에 합당한 열매를 맺지 않으면, 장차 올 하나님의 진노를 피하지 못한다"고 했다. 이는 하나님께 선택받은 그의 백성(이스라엘 민족)일지라도, 회개의 열매(구원)가 없으면, 마지막 때 주님께 멸망의 심판을 받게 된다고 경고하시는 말씀이다.

눅3: 7~9

7] 요한이 세례받으러 나오는 무리에게 이르되 독사의 자식들아 누
가 너희를 가르쳐 장차 올 진노를 피하라 하더냐

8] 그러므로 회개에 합당한 열매를 맺고 속으로 아브라함이 우리 조
상이라 말하지 말라 내가 너희에게 이르노니 하나님이 능히 이 돌
들로도 아브라함의 자손이 되게 하시리라

9] 이미 도끼가 나무뿌리에 놓였으니 좋은 열매 맺지 아니하는 나무
마다 찍혀 불에 던지우리라

요단강으로 세례받으러 나온 많은 유대인들(평민들, 세리들, 군병들)은, "회개
에 합당한 열매를 맺으라"는 세례요한의 외침에, 그들은 "우리가 무엇
을 해야 장차 주님 다시 오실 때, 하나님의 진노의 심판을 면하고, 영
생할 수 있는지에 대하여 묻고 있는 것이다.

세례요한은 눅3: 11 이하에서, 유대인들에게, "옷 두 벌 있는 자는 옷 없
는 자에게 나눠주고, 먹을 것이 있는 자에게도 그렇게 하라"하고, 또 세리
들에게는, "정한 세외에는 늑징치 말라"했다. 그리고 군병들에게는, "사람
에게 강포하지 말며, 무소하지 말고, 받는 임금(월급)에 족한 줄로 알라"했다.

영생에 대한 소망과 믿음이 있는 자는, 일상생활에서 자신을 위한
이기적인 욕망을 버리고, 주 예수님의 이름으로, 주변의 약한 이웃(사회
적 약자)들과 나누기를 힘쓰는 사람들이다.

그리고 권세가 있는 자들(관리들)은 진실하고 성실하게 일해서 정당한
소득을 취하고, 부정이나 부당한 방법으로 수익을 취하지 말아야 하
며, 힘이 있는 자들(군병들)은 이웃을 탐내어, 비열한 방법이나 강제로 더

러운 이(利)를 취하지 말고, 이웃에게 거짓 증거하거나, 중상 모략하여, 곤경에 빠뜨리지 말아야 한다.

다시 말해서 세례요한은, 어떤 특별한 행동이나 사역만이 회개의 열매라기보다는, 각자 자신이 맡은 바 직무에 공정하고 충실하며, 어려운 이웃과 더불어 협력하는 것을 열매라고 말하고 있는 것이다. 이는 성령의 열매(갈5: 22-24)를 맺음으로 가능한 일이다.

예수님은 "가지가 나무줄기에 붙어있지 않으면, 절로 과실을 맺을 수 없음 같이, 사람이 내 안에 있지 않으면, 과실을 맺을 수 없다" 하셨다. 당신이 예수 안에 거한다는 것은, 당신의 일상생활에서 예수님이 하신 말씀을 지켜 행하는 것을 의미한다. 그리고 예수께서 당신 안에 거하신다는 말씀은, 예수님의 말씀이 당신에게 영향력(순종)을 행사할 때 순종한다는 의미이다.

예수님께서 아버지의 계명을 지켜, 그의 사랑 안에 거하시는 것처럼, 당신이 예수님께서 말씀하신 새 계명(요13: 34)을, 믿고 행함으로 당신은 예수님 안에 거하는 것이며, 열매를 맺는 것이다. 예수님은 이에 대해 요15장에서 다음과 같이 말씀하셨다.

요15: 4~6

4] 내 안에 거하라 나도 너희 안에 거하리라 가지가 포도나무에 붙
어 있지 아니하면 절로 과실을 맺을 수 없음 같이 너희도 내 안에
있지 아니하면 그러하리라

5] 나는 포도나무요 너희는 가지니 저가 내 안에, 내가 저 안에 있으
면 이 사람은 과실을 많이 맺나니 나를 떠나서는 너희가 아무것
도 할 수 없음이라

6] 사람이 내 안에 거하지 아니하면 가지처럼 밖에 버리워 말라지나
니 사람들이 이것을 모아다가 불에 던져 사르느니라

어떤 사람이, 회개에 합당한 열매를 맺지 못하는 것은, 그가 온전한 회개(믿음의 회개)를 하지 않았기 때문이며, 이는 또 예수 이름으로의 세례를 받지 않았기 때문이다. 그래서 형식적이거나 지식적인 회개는, 예수 그리스도를 인생에 주인으로 모시는, 신앙의 결단(예수 이름으로의 세례)을 할 수 없다. 그 결과 대신 죽으신 예수 그리스도를 위해 살 수 없게 된다 (고후5: 15). 이것이 교회 공동체에 속해 있는 많은 형제자매들이 믿음으로 살지 못하는 이유다.

예수님은 요15장에서 "회개에 열매는, 내 안에서 서로 사랑할 때 맺어지고, 그 영광은 하나님 아버지께 돌아가는데, 이렇게 하는 자가 나의 제자다" 하셨다. 회개의 열매는, 예수 안에서 서로 사랑을 나누는 착한 행실(성령의 열매: 믿음의 행실)을 통하여 맺어지고, 그 결과는 하나님께 영광(감사와 찬양)이다.

당신이 하나님을 섬기는 것은, 당신을 위해 하나님께 무엇을 해 달라고 요구(기도)하는 것이 아니라, 하나님과 당신의 이웃을 위해 무엇을 어떻게 해야할지를 구하는 것이어야 한다. 그것은 바로 믿지 않는 사람들에게, 당신을 죄에서 구원해 주신, 하나님의 그 크신 사랑의 은혜를 전하고, 또 그들을 주 예수 이름으로 돌아보는 것이다. 이것이 하나님을 사랑하고, 또 주의 계명을 지키는 것이며, 하나님께 영광이 되는 회개의 열매를 맺는 길이다.

❖ 주님을 기다리는 성도는 거룩한 산제사를 드린다

산제사는 몸(실천)으로 드리는 거룩한 영적예배다. 이는 당신 의 삶속에서 하나님 말씀을 믿음으로 행하는 것이다. 그러므로 당신이 주님의 신부라면 당신은 몸으로 산제사를 드리게 된다.

산제사가 있다는 것은 죽은 제사(헛된 예배)도 있다는 것을 전제로 한다. 죽은 제사는 사망의 제사(우상숭배)이고, 산제사는 영원한 생명의 제사(참 예배)다. 죽은 제사는, 죄를 회개하지 않고 거듭나지 않았음으로, 하나님의 영광을 위한 예배를 드리지 못하고, 세상 자랑거리들만 구하는 형식적인 예배다.

롬12: 1~3

1] 그러므로 형제들아 내가 하나님의 모든 자비하심으로 너희를 권하노니 너희 몸을 하나님이 기뻐하시는 거룩한 산제사로 드리라 이는 너희의 드릴 영적 예배니라

2] 너희는 이 세대를 본받지 말고 오직 마음을 새롭게 함으로 변화를 받아 하나님의 선하시고 기뻐하시고 온전하신 뜻이 무엇인지 분별하도록 하라

3] 내게 주신 은혜로 말미암아 너희 중 각 사람에게 말 하노니 마땅히 생각할 그 이상의 생각을 품지 말고 오직 하나님께서 각 사람에게 나눠주신 믿음의 분량대로 지혜롭게 생각하라

제사(예배)는 인간이 창조주이신 하나님을 공경한다는 믿음을 표현하

신랑을 기다리는 신부처럼

는 의식일 뿐 아니라, 일상생활 전반의 삶의 모습(신앙생활)을 포함한다. 당신이 몸으로 산(살아 있는: 실천)제사를 드리는 것은, 당신의 일상생활 속에서 하나님의 말씀을 믿음으로 지켜 행하는 것(몸으로 실천)으로, 하나님에 대한 당신의 믿음의 표현이다. 이는 신앙(하나님)과 일상생활(당신의 삶)의 일치이며, 주님의 신부인 당신이 회개에 합당한 열매를 맺는 바른 행실(믿음의 행위)을 의미한다. 그러므로 산제사는 교회의 예배의식만 거룩하게 하는 것이 아니라, 교회 공동체 안과 밖에서의 일상생활에서도, 하나님께 예배를 드리듯 동일하게 믿음으로 살아가는 삶의 자세를 의미한다.

성경은 "이 세대는 하나님을 거역하고, 죄악이 난무하는 패역한 세대"라고 말씀하시면서, 당신이 산제사를 드리려면, "이 세대를 본받지 말고, 오직 마음을 새롭게함으로 변화를 받아, 하나님의 선하시고 기뻐하시고 온전하신 뜻이 무엇인지, 분별하라"고 말씀하고 있다.

당신이 몸으로 산제사를 드리는 것은, 예배를 통하여 세상 유익을 구하는 것이 아니라, 순수하게 하나님의 영광을 위하여 예배(영적예배)를 드리는 것이다. 믿음이 있는 자의 몸은 믿음으로 행동하는 하나님의 "의(義)"의 병기이다.

당신의 몸을 하나님께 의의 병기(믿음의 실천)로 드리는 것은, 오직 당신 자신을 죽은 자 가운데서 다시 사신 예수 그리스도 같이, 당신의 일상생활을 하나님의 영광을 위해 드리는 것이다. 이로 인하여 당신의 삶의 현장에서는 믿음(예수)의 향기가 풍겨난다. 성경 레16: 11~13에서는, 하나님께 향연(예수 향기)을 올려 드리는 산제사에 대하여, 다음과 같이 말씀하고 있다.

레16: 11~13

11] 아론은 자기를 위한 속죄제의 수송아지를 드리되 자기와 권속을
위하여 속죄하고 자기를 위한 그 속죄 제 수송아지를 잡고

12] 향로를 취하여 여호와 앞 단 위에서 피운 불을 그것에 채우고 또
두 손에 곱게 간 향기로운 향을 채워 가지고 장 안에 들어가서

13] 여호와 앞에서 분향하여 향연으로 증거궤 위 속죄소를 가리우
게 할지니 그리하면 그가 죽음을 면할 것이며

제사장이 속죄 제사를 드리기 위해서는, 반드시 피와 향연이 필요하
다. 그는 먼저 성소에 있는 향로를 취하여, 여호와 앞 단 위에서 피운
불을 향로에 담아 채우고, 두 손에 곱게 간 향기로운 향을 채워가지고
장 안에 들어간다.

그리고 향로에 향을 채워 여호와 앞에 분향하여, 향연(향기로운 연기)으로
속죄소를 가린다. 그런 다음 제물의 피를 가지고 장 안에 들어가서, 하
나님이 계신 속죄소의 동편과 앞에 뿌리고 속죄를 한다. 속죄소에는
향을 피우는 향 냄새가 진동을 하고, 자욱한 연기 때문에 앞이 보이질
않는다.

"제사장이 지성소에서 제사 업무를 집행할 때, 연기와 향이 가득한
지성소 안에서, 정확하게 보거나 정해진 절차에 따라 진행하는 것이
아니라, 촉각이나 감각에 의지해서 진행했다. 제사장은 자욱한 연기와
짙은 향냄새에 가려진 채, 하나님께 죽임을 당하지 않고, 속죄 직무를
무사히 마칠 수 있었다(다윗의 장막 78페이지에서 인용)."

신랑을 기다리는 신부처럼

하나님은 자욱한 연기와 짙은 향냄새 밑에서, 무슨 일이 일어나고 있는지에 대해서는 알려고 하지도 않으신다. 하나님은 제사장의 직무를 보고 계신 것이 아니라, 자욱한 연기와 짙은 향냄새(예배자의 삶)에 취해 있는 것이다. 하나님은 다만 향을 피우는 연기와 그 냄새에 취해 만족해하실 뿐이다.

성경 레1: 1~9에서는 구약의 이스라엘 백성들의 번제를 통하여, 오늘을 사는 우리가 하나님께 어떻게 예배(신앙생활)를 드려야 하는지를 잘 말씀해 주고 있다.

레위기 시대의 이스라엘 사람들에게, 소나 양은 그들의 재산에 큰 비중을 차지하는 가축이다. 그러므로 그들이 소나 양을 희생 제물로 드린다는 것은, 하나님에 대한 진실한 믿음이 요구되는 문제이기도 했다.

제물을 드리는 자가, 여호와 앞에서 희생 제물에 안수를 하는 것은, 그가 자기의 죄를 희생 제물에 전가하는 것으로, 이는 예수 그리스도께서 죄를 대신 지고 가셨음을 인정하는 의식이다. 희생제물의 목을 따서, 그 피(죽음: 세례)를 받아 제사장에게 주는 것은, 주 예수 이름으로 세례를 받음으로 새 생명으로 살겠다는 신앙의 결단과, 그러기 위해서 죄에 대하여 죽은 것을 의미한다.

그리고 희생 제물의 가죽을 벗기고 그 뼈를 추려내는 것(거듭남)은, 육신의 정욕(세상 자랑)을 포기(예수와 합한 세례)하고 예수의 고난(영혼구원)에 동참하겠다는 믿음의 결단을 의미한다.

추려낸 뼈와 머리와 기름을 제단 위의 불 위에 있는 나무에 벌여 놓고(십자가에 달리심) 불살라 태우므로(죽으심), 향기로운 냄새로 번제를 드리는 것은, 예배자의 몸을 산제사(믿음의 실천)로 드리는 것이다. 이는 일상생활에서 그리스도 예수의 향기가 풍겨나는 삶의 모습이다.

당신이 하나님께 드릴 향연의 제사는, 예수 그리스도를 믿고 그 말씀을 지켜 행하는 믿음의 삶이다. 이는 당신의 일상생활에서 그리스도 예수를 드러내는 것이다. 그러나 만일 당신에게 이 향연이 없다면, 당신은 하나님 앞에 예배자로 설 수가 없다. 하나님은 제사를 드리는 당신의 죄를 보시지 않고, 당신의 삶에서 풍겨나는 예수향기를 맡고 계시기 때문이다. 당신이 하나님 앞에 엎드려, 믿음으로 회개하며 예배를 드릴 때, 하나님은 당신의 죄를 보시지 않고, 십자가에서 흘리신, 그 아들 예수 그리스도의 대속의 피가, 당신 위에 덮여 있는지를 보신다. 그러므로 당신의 삶에서 예수 향기(예수의 피: 구원의 증거)가 풍겨나지 않는다면, 하나님 앞에서 당신의 죄를 가릴 것이 없으므로, 당신의 죄는 하나님 앞에 드러나게 될 것이다. 당신이 산제사를 드리려면 성령으로 충만해야 한다. 당신에게 하나님 말씀을 믿고, 그 믿음대로 살도록 인도하시는 이는 성령이시기 때문이다. 예수님은 요4: 22 이하에서, 사마리아 수가 성 우물가에서 만난 여인에게, 하나님께 신령과 진정으로 예배할 수 있는 때를, 다음과 같이 말씀하셨다.

요4: 23
아버지께 참으로 예배하는 자들은 신령과 진정으로 예배할 때가 오나니 곧 이때라 ……

예수님은 사마리아 우물가에서 만난 여인에게, 사람이 하나님께 "신령과 진정으로 예배하려면, 내가 주는 생수(성령)를 먹어야 한다"고 하셨다.

주님이 주시는 생수를 먹으면, 그 생수가 그 사람 속에서, 영생하도록 솟아나는 샘물과 같아서, 영원히 목마르지 않게 되는 것처럼, 주님이 당신에게 주시는 성령을 받으면, 당신 마음속에서 영혼을 살리는 영생의 말씀이, 끊임없이 솟아나서, 주님이 주시는 기쁨으로 충만하게 된다.

또 당신이 성령으로 충만해지면 생수의 강이 흘러넘치듯이, 당신에게서 하나님의 생명의 말씀과 권능이 흘러넘친다. 그래서 황무지에 길이 나고, 사막에 강이 흐르는 것 같이, 당신이 메마른 영혼들에게 생명의 말씀을 전할 때, 죽어가는 영혼들이 살아나게 된다. 이는 바로, 믿는 자가 받을 성령의 권능이다.

예수님이 말씀하신 이때 즉, 사마리아인들(믿지 않는 자)이 하나님께 신령과 진정으로 예배할 수 있는 때는, 바로 예수님께서 주시는 생수 즉, 죄 사함을 얻고, 성령을 선물로 받은 때(구원)를 말씀하심이다. 그러므로 죄 사함(새롭게 변화)을 얻은 당신은 성령을 선물로 받고, 하나님의 선하시고 기뻐하시고 온전하신 뜻대로, 회개의 열매를 맺고, 또 영생구원의 복음을 전하는 증인이 되는 것이다. 그래서 예수님은 행1: 8에서 "오직 성령이 너희에게 임하시면, 너희가 권능을 받고, 땅끝까지 이르러 내 증인이 된다"고 하신 것이다.

❖ 주님을 기다리는 성도는 세상에 빛과 소금이다

바닷물이 썩지 않는 것은, 3.4%의 염분(소금 90%)이 함유되어 있기 때문이라고 한다. 소금은 고대로부터, 인류가 살아가는 데 반드시 필요한 것 중의 하나다. 만일 교회 공동체의 구성원들이, 세상을 살맛 나게 하는 소금의 맛을 낼 수 있다면, 세상은 바닷물처럼 쉽게 부패하지는 않을 것이다.

고대로부터 지금까지, 인류가 사는 그 시대마다, 많은 종교인이 존재했지만, 그 사회의 부패를 방지하지 못하는 것은, 모든 종교인들의 믿음과 신앙의 농도가, 부패를 방지하는 바닷물의 염분의 농도만 못하거나, 인간 부패의 본질이, 바닷물과는 비교할 수 없을 만큼 심각하기 때문일 수도 있다. 예수님은 믿는 자들이 바로 "세상의 빛과 소금"이라며 다음과 같이 말씀하셨다.

마5: 13~16

13] 너희는 세상의 소금이니 소금이 만일 그 맛을 잃으면 무엇으로
　　짜게 하리요 후에는 아무 쓸데없어 다만 밖에 버리워 사람에게
　　밟힐 뿐 이니라

14] 너희는 세상의 빛이라 산 위에 있는 동네가 숨기우지 못할 것이요

15] 사람이 등불을 켜서 말 아래 두지 아니하고 등경 위에 두나니
　　이러므로 집안 모든 사람에게 비취느니라

16] 이같이 너희 빛을 사람 앞에 비취게 하여 저희로 너희 착한 행실
　　을 보고 하늘에 계신 너희 아버지께 영광을 돌리게 하라

인류의 모든 종교는, 원칙적으로 악을 지향하지는 않을 것이다. 그러나 어떤 종교 집단이든지, 지도자가 타락하여 더러운 이(利)를 추구하거나, 집단 이기주의에 빠지게 되면, 그 공동체는 부패하고 타락하는 것은 물론, 그 사회를 병들게 하고, 파괴시키는 위험한 존재가 되는 것

이, 오늘날 극히 일부 종교집단에서 나타나는 현상들이기도 하다.

다른 종교는 몰라도, 성경을 하나님의 진리의 말씀으로 인정하고, 그 말씀을 지켜 행하라고 가르침을 받는, 내가 속한 기독 교인만 계산해도, 우리나라 인구의 약 18% 정도에 육박한다고 한다. 그러나 국민의 18%에 가까운 우리나라 기독교인들이, 사회정화를 위해, 바다의 3.4% 염분의 역할을 못함으로 인해, 맛을 잃은 소금이 길에 버려져 밟히듯이, 세상 사람들에게 무시 당하고 조롱받고 있다.인간이 살고 있는 세상은 상상을 초월하는 죄악이 난무하고 있다. 이런 세상을 향하여 하나님의 진리의 말씀인 성경은, 하나님의 자녀들에게, "너희는 세상에 빛과 소금이다"라고 선포하셨다. 그러므로 구원 얻은 당신은, 세상의 빛이 되어, 죄악으로 어두워져 가는 세상을 밝게 비추고, 또 세상에 소금이 되어, 부패한 세상을 살맛나는 세상이 되게 해야 한다(마5: 13~16). 이에 대해 성경은 다음과 같이 말씀하고 있다.

눅14: 34~35
34] 소금이 좋은 것이나 소금도 만일 그 맛을 잃었으면 무엇으로 짜게 하리요
35] 땅에도, 거름에도 쓸데없어 내어 버리느니라 들을 귀가 있는 자는 들을지어다 하시니라

어떻게 사는 것이 주께서 말씀하신 대로, 세상에서 빛과 소금으로 사는 것일까?

주께서 말씀하신 대로, 빛은 낮은 곳에 두지 않고, 소금이 맛을 잃으

면, 대신 짜게 할 수 있는 것이 없다. 빛은 등(燈) 속에 있는 기름을 태워 어두움을 밝히고, 소금은 자신을 녹여 그 맛을 낸다.

예수님은 당신의 가정, 이웃, 직장, 사회공동체 등, 당신이 속해 있는, 모든 인관관계의 영역을 세상이라고 하시며, 그 "세상에서 그 맛을 잃지 말라" 하셨고, 또 "세상 사람들이 너희 착한 행실을 보고, 아버지께 영광 돌리게하라" 하셨다. 그러나 교회 공동체의 많은 구성원들이, 교회에서나 세상에서나 그 빛과 맛을 잃어버린 채, 비난을 받고 있는 실정이다.

예수님은 마5: 1~13에서, 어두운 밤을 빛으로 밝게 비취듯, 죄악으로 어두워진 세상을 복음의 빛으로 밝게 비추고, 음식의 부패를 소금으로 보호하고 맛을 내듯, 부패한 세상에서 살맛 나게 하는, 착한 행실을 하는 이들에 대하여, 다음과 약속하셨다.

첫째 복음 전파를 위한 열정 때문에 핍박을 받는 자는, 이미 그 마음 깊이 천국을 소유한 것이므로(3), 하나님이 주시는 만족과 기쁨을 누리게 되고(6),

둘째 죄를 슬퍼하고 괴로워하며 회개하는 자는, 하나님께 죄 사함을 얻고, "의롭다" 하시는 위로를 받는다(4).

셋째 하나님 말씀에 겸손히 순종하기를 힘쓰는 자는, 영생을 보게 되고(5),

넷째 가난한 자 즉, 약한 이웃을 주 예수 이름으로 돌아보는 자들은, 하나님께 그 일을 감당할 능력을 공급받을 것이며(7),

다섯째 더러운 이익을 얻으려는 마음을 버리고, 믿음으로 살기를 힘쓰면, 하나님이 함께 하실 것이며(8),

신랑을 기다리는 신부처럼

여섯째 사람들을 하나님과 화목케 하고, 또 서로 도우며 살게 하면, 하나님의 아들이라고 인정받게 된다(9) 하시면서,

만일 이 복음을 전하는 일 때문에, 사람들로부터 비난과, 핍박과, 조롱을 당하고, 중상모략을 당한다면, 그는 이미 천국을 소유한 것이며, 하늘에서의 상급이 클 것이기 때문에(11) 염려하지 말고 오히려 기뻐하라 하셨다(12).

만일 당신이 그리스도인이라면, 당신은 이 세상의 부패를 정화하는 일에 도움이 되는 존재가 되어야 하며, 또 당신의 삶을 통하여, 당신 주변에 있는 세상 사람들이, 하나님을 발견하게 해야 한다. 이것이 주님이 당신에게 부탁하신, "세상에서 빛과 소금이 되어라"는 사명을 조금이나마 감당하는 것이다.

오늘날의 교회가, 일그러진 자화상을 갱신하려면, 교회 공동체는 물론 그 구성원들 각 개개인이, 신앙의 가치관을 성경적으로 재정립해야 한다. 세상이 추구하는 가치관은, 자기 육신의 소욕과 자랑을 이루려는 것이지만, 하나님을 섬기는 교회 공동체 가 추구해야 하는 신앙의 가치관은, 모든 것을 하나님이 기뻐하시는 뜻을 따라, 하나님 뜻대로 생각하고 말하고 행하는 것이다.

배 안에 물이 스며들면 결국 그 바다에 침몰 되듯이, 세상의 가치관이 교회로 스며드는 순간, 교회는 세상 물결에 휩쓸려 가고 말 것이다. 예수님께서 "세상에 빛과 소금이 되어라" 하심은, 교회 공동체의 구성원 각자가, 세상에서 관계를 맺고 있는 모든 영역에서, "예수 이름으로 서로 사랑을 나누는 것"이다.

요14: 15에서 예수님은 제자들에게, 아버지께로 가실 것을 말씀하

시면서, "내가 너희를 사랑한 것 같이 너희도 서로 사랑하라(요13: 34)" 하셨다. 예수님은 제자들에게, 너희가 이 계명을 지켜야 하나님 아버지께서 영광을 받으시고, 모든 사람이 너희가 내 제자인 줄 알 것이라 하셨다.

사람들은 누구나 서로 사랑하며 살아간다. 부부는 물론 부모와 자녀가 서로 사랑을 하고, 형제자매와 친지들이 서로 사랑을 주고받는다. 그뿐 아니라, 사회에서의 특별한 관계에 있는 사람들도, 서로 사랑을 나누며 살아가고 있다. 이 모두는 필연적인 관계에 의한 상대적 사랑이다.

이와 같이 당신이 마땅히 사랑해야 할 관계에 있는 사람을 사랑하는 것은, 당연히 해야 할 덕목이며 책임과 의무로, 이를 외면하는 것은 비난받아야 할 일이다. 그러나 주님이 서로 사랑하라는 말씀은, 서로 아무런 이해관계가 없는 사람을 사랑하라는, 이타적인 관계를 말씀하심이다.

예수님께서 "서로 사랑하라"는 말씀은, 인간의 도덕적 요구나 책임감, 또는 의무도 아닌 다만 하나님 말씀에 복종하는, 믿음의 행위로 요구되는, 절대적인 사랑(하나님 사랑)을 말씀하심이다. 주께서 "서로 사랑하라"는 말씀은, 이벤트적인 행사나 계획 되어진 행사가 아니다. 이는 상시적으로 어느 때나, 어디서나, 어떤 경우에나 임의로 행해지는 하나님의 긍휼하심과, 자비로우심을 본받은 마음을 표현하는 믿음의 행위다.

예수님께서 요14: 15에서 "너희가 나를 사랑하면, 나의 계명을 지키리라" 하신 이 말씀은, 역설적으로 '나의 계명을 지키지 않는다면, 그는 나를 사랑하는 것이 아니다'이다. 그러므로 예수님의 계명을 지키

신랑을 기다리는 신부처럼

는 그가 바로 예수님을 사랑하는 것이다.

오늘날 교회 공동체의 구성원들은, 하나님을 어떻게 섬길까? 그들 중 일부 형제자매들은 자신의 현실 문제 즉, 삶의 고난과 시련과 환난의 문제나, 또는 질병 치료의 목적, 그리고 계획한 세상일에 대한 목적 달성을 위한 방편으로만, 하나님을 찾는 경향이 많은 것 같기도 하다. 이는 우상을 섬기는 것과 같다.

그래서 삶에서 생기는, 여러 가지 자신의 문제들을 해결하기 위한 방편으로 줄기차게 기도하고, 그 성과를 간증도 하며, 하나님께 영광 돌린다고 한다. 물론 이런 현상을 부정적으로만 치부할 수는 없지만, 그러나 주님을 사랑하는 것은, 나를 위해서 주님을 사랑하는 것보다, 주님이 주신 사랑으로 이웃을 사랑하는 것이어야 하지 않을까 생각한다. 왜냐하면, 당신은 이미 주님께 말로 다 할 수 없는 큰 사랑을 받고 있기 때문이다.

당신이 예수님을 믿기로 결단하고, 그 이름으로 회개하고 세례를 받은 것은, 그가 당신을 사랑해서 당신을 위하여, 자기 몸을 버리신 것(구원)을 믿는 것이다. 그래서 이제 당신도 당신 자 신을 위한 삶보다, 주께서 당신을 위해 그랬던 것처럼, 당신도 주님을 사랑해서 주님을 위해 살아야 하는 새 생명의 존재가 된 것을 믿게 된 것이다(갈2: 19~20, 고후5: 15).

예수님은 눅10: 30~37에서 어떤 선한 사마리아인을, 진정으로 이웃을 사랑하는 사람이라고 소개하고 있다. 주께서 말씀하신 대로, 당신이 주님을 사랑하는 것 같이 사랑해야 할 대상은, 강도를 만나 두들겨 맞아 거반 죽은 것과 같은, 심각한 어려움을 당하는 이웃들(사회적 약자들)이다. 이들은 자기 스스로의 힘으로는, 아무것도 할수 없는 상태로, 반드시 누군가의 도움을 받지 않으면, 안 되는 그런 형편에 놓인 사람들이다.

제사장과 레위인은, 강도에게 두들겨 맞아 거반 죽어가는 이웃을 보고, 못 본 척 그냥 지나갔다. 제사장은 성전에서, 하나님과 인간과의 관계를 화목하게 하기 위해, 속죄 예식을 담당하는 거룩한 직분자로, "나를 사랑하듯 이웃을 사랑하라"는 예수님의 계명을, 가장 잘 알고 또 가르치며, 모범적으로 실천해야 할 위치에 있는 신앙의 지도자들을 의미한다.

레위인은 하나님의 성전에서, 말씀(율법)을 가르치는 제사장을 도와 성전을 관리하며, 성전 예식 전반을 원활히 집행할 수 있도록, 하나님의 성전을 섬기고 봉사하는, 하나님과 가까이에 있는 모범적인 직분자들을 지칭한다.

그러나 사마리아인은, 예수님 당시 우상을 섬기는 이방인들과 통혼한 혼혈족의 후예들로, 유대인들의 성전과는 거리가 먼 사람이다. 이스라엘의 유대인들은 이들이 신앙을 배신했다고 해서, 인간 취급도 하지 않고 금수처럼 대하며 상종하지도 않았다. 이 들은 겉으로 보기에는 믿음이 없는 것 같은 사람들이다.

선한 사마리아인은 어떤 목적으로 여행 중이었는데, 강도를 만나, 거반 죽어가고 있는 사람을 보고, 불쌍히 여겨 그를 치료 해주었다. 그리고 자기 짐승에 태워 주막에 데리고 가서, 그 주인에게 간호해 주기를 부탁하며, 그 비용을 지불했을 뿐 아니라, 비용이 더 들면 돌아와서 갚아 주겠다고 했다.

그는 강도 만난 자와 알지 못하는 관계이며, 그를 도와주어야 할 책임과 의무도 없었고, 그 대가도 기대하지 않았다. 예수님은 당신에게, "너도 가서 이같이 하라" 하시고, 이것이 나를 사랑하는 것이고, 이웃을 사랑하는 것이라고 하셨다.

하나님을 가까이서 모시며, 예배를 인도하고 말씀을 가르치며, 신앙의 지도자 노릇을 하는 거룩한 제사장이나, 성전을 관리하는 모범적인 신앙인인 레위인은, 피 흘리며 죽어가는 이웃을, 못 본 척하고 외면했다. 그러나 하나님을 배반했다고 손가락질 받으며, 개 같은 족속이라며 무시당했던 어떤 선한 사마리아인은, 죽어가는 이웃을 끝까지 돌아보고 보살펴 주었다.

오늘날도 이처럼 일부 어떤 종교 지도자들은, 교회에서나 세상에서나, 궂은일에는 모르는 척 외면을 하면서도, 자신의 명예와 이름을 드러내기 위한 일이나 행사에는, 빠지지 않고 어김없이 한 몫 끼려고 한다.

교회(공동체의 구성원)는 빛을 잃고 어두워져가는 세상을, 복음의 빛으로 불을 밝히고, 죄악으로 썩어가는 세상을, 믿음의 착한 행실로 소금처럼 맛을 내게 하는 것이 그 사명이다.

교회가 어두워져가는 세상을, 복음의 빛으로 불을 밝히면, 길(진리)을 잃고 방황하던 사람들이, 바른길을 찾아갈 수 있고, 죄악으로 얼룩진 세상을, 믿음의 행실로 살맛 나게 하면, 패역하고 부패로 병든 세상이, 하나님의 사랑과 능력으로, 공정과 상식이 통하는 공의로운 사회로 변하게 될 것이다.

이것은 예수님께서 교회에게 가르쳐 주신 교훈으로, 당신이 세상에서 빛과 소금이 되어야 하는 이유이다. 그러나 슬프게도 오늘날의 일부 교회 공동체의 구성원들은, 오히려 세상에서 해악의 존재가 되어, 아무런 영향을 끼치지 못하고, 빛과 맛을 잃은 채, 사람들에게 손가락질받고, 이리저리 밟히며(멸시, 조롱, 비난) 비굴하게 살아가고 있는 실정이다.

마지막 때 다시 오실 신랑을 기다리는 신부는, 진리의 말씀으로 복음의 빛(구원)을 밝혀, 이웃을 생명의 길로 인도하고, 음식의 부패를 방지하고 맛을 내는 소금처럼, 세상의 부정부패를 방지하고 이웃을 살맛나게 하는 착한 행실로, 주 안에서 사랑을 나누는 사람들이다.

신랑을 기다리는 신부처럼

~~~~~~~~~~

신랑을 기다리는 신부는 어떻게 준비하며 살아야 할까?

신부가 마음을 순결하게 하고, 행실을 바르게 하고, 옷을 항상 깨끗하고 단정하게 차려입는 것은, 신랑을 사랑하며 신랑의 명예를 지키는 것이다. 잔칫날 신랑을 맞이하기 위해 기름을 예비한 슬기 있는 처녀들처럼, 신부인 성도는 신랑이신 주님 만날 날을 고대하고 사모하며, 신랑이 약속하신 그날을 준비하며 살아야 한다.

❖ 두렵고 떨림으로 구원을 이루어 가야 한다.

사도 바울은, "항상 복종하여 두렵고 떨림으로 너희 구원을 이루라"고 했다. 이는 진노하시고 벌주시는, 무서운 하나님을 기억하라는 것이 아니라, 하나님 아버지께서 자기의 독생자를, 희생 제물로 내어 주시기까지 당신을 사랑하신, 그 마음에 상처를 드릴까, 염려하고 걱정하며 조심스러운 마음으로, 하나님을 섬기라는 의미이다. 이는 하나님께서 구원해 주신 은혜에 항상 감사하며 기쁜 마음으로 복종하는 것이다.

빌2: 12
그러므로 나의 사랑하는 자들아 너희가 나 있을 때뿐 아니라 더욱
지금 나 없을 때에도 항상 복종하여 두렵고 떨림으로 너희 구원을
이루라

고후7: 15
저가 너희 모든 사람들이 두려워하고 떪으로 자기를 영접하여 순종
한 것을 생각하고 너희를 향하여 그의 심정이 더욱 깊었으니

자식이 방탕하면, 그 부모가 괴로워하며 고통을 당하는 것처럼, 구원 얻은 당신이 믿음(회개에 합당한 열매)으로 살지 않으면, 하나님 아버지의 마음이 아프실 것이다. 구원을 이루라는 말씀은, 하나님 아버지의 이 마음을 생각하며, 그에게 괴로움을 끼치지 말고, 그의 말씀에 복종해서 그를 기쁘시게 해야 함을 권면하는 것이다.

당신이 하나님 말씀에 복종한다는 의미는, 순종한다는 의미와는 조금 다르다. 순종은, 하나님 말씀이 당신에게 유익을 주는, 진리의 말씀인 것을 믿고 자의적으로 따르는 것을 말한다. 한편 복종은, 하나님 말씀이 당신의 지식과 상식에는 부합하지 않을지라도, 오류가 없으신 하나님의 절대적인 진리의 말씀으로 믿기 때문에 따르는 것이다. 복종이라는 말은 강제적이고 억압적이며, 부정적 이미지로 거부감을 갖고 있지만, 그러나 절대적으로 오류가 없는 하나님 말씀이기 때문에 믿고 따르는 것이다.

당신의 구원을 영생에 이르도록 굳건하게 하는 것은, 당신의 의지

가 아니라, 당신 안에 계신 성령이시다. 하나님은 자기의 기쁘신 이 뜻(영생)이 당신에게서 이루어지게 하시기 위해, 구원 얻은 당신의 마음 안에 성령을 주시고, 영생의 소원을 이루어 가게 하셨다. 그러므로 구원 얻은 당신은, 모든 일을 성령께 복종하여 원망과 시비 없이 해야 한다. 왜냐하면 당신 안에 계신 성령께서, 이 모든 일을 하나님이 기뻐하시는 뜻대로 인도하고 계시기 때문이다(빌2: 12~14).당신의 속사정은 당신의 영(심령)이 알듯이, 하나님의 속사정은 하나님의 영이신 성령께서만 아신다. 연약한 존재인 인간의 생각과 지혜는, 불합리하고 온전치 못하지만, 그러나 하나님의 속사정을 다 아시는 성령께서는, 당신을 항상 하나님이 기뻐하시는 뜻대로만 인도하신다. 그러므로 당신이 그가 인도하시는 대로 순종하면 당신은 하나님을 기쁘시게 해드릴 수 있게 된다.

자식은 낳아 주시고 길러주신, 어버이의 말씀에 순종하며 사는 것처럼, 당신은 당신을 사망의 죄에서 구원해 주신, 하나님 아버지의 사랑을 기억하고, 언제나 그 말씀에 순종해서 믿음으로 살기를 힘써야 한다. 이렇게 하는 것이 두렵고 떨림으로 구원을 이루어 가는 길이기 때문이다.

성경은 하나님 말씀을 믿고, 죄에서 돌아서는 것(말씀에 순종)이 구원이라고 말씀하시며, "믿음으로 행하지 않는 모든 것(말씀에 불순종)이 죄"라고 말씀하고 있다. 구원은 처음 어느 일순간에 완료되는 것이 아니라, 구원 이후 육신의 장막을 벗는 그날까지, 또 주님 다시 오시는 그때까지, 처음 구원을 그대로 계속적으로 유지하는 것이다.

그래서 사도 바울은 "하나님 말씀에, 두렵고 떨림으로 복종하는 것

(순종의 삶)이, 구원을 온전히 이루어 가는(주님 맞이할 준비) 것"이라고 말씀하시는 것이다. 그런 의미에서 구원은 과거완료가 아니라, 미래를 향한 진행형이다.

❖ 성령을 근심케 하지 말아야 한다

주 예수께서는, 구원 얻은 당신을 고아와 같이 버려두지 않기 위해서, 당신에게 자기 대신 또 다른 보혜사이신 성령을 보내주셔서, 주님이 다시 오시는 그날까지, 영원토록 당신과 함께 있게 하셨다. 이는 하나님께서 구원 얻은 당신이 자기 자녀인 것을 인정(인침)하시고, 또 그것을 보증하시는 증거로 당신에게 성령을 주신 것이다. 그래서 하나님의 성령이 구원 얻은 당신 안에 계신 것이며, 이로 인해 당신은, 거룩하신 하나님 자녀인 것이다. 그러므로 하나님을 본받아 거룩하게 살아야 한다.

엡4: 29~32
29] 무릇 더러운 말은 너희 입 밖에도 내지 말고 오직 덕을 세우는 데 소용되는 대로 선한 말을 하여 듣는 자들에게 은혜를 끼치게 하라
30] 하나님의 성령을 근심하게 하지 말라 그 안에서 너희가 구속의 날까지 인치심을 받았느니라.
31] 너희는 모든 악독과 노함과 분냄과 떠드는 것과 훼방하는 것을

신랑을 기다리는 신부처럼

모든 악의와 함께 버리고

32] 서로 인자하게 하며 불쌍히 여기며 서로 용서하기를 하나님이

그리스도 안에서 너희를 용서하심과 같이하라

당신이 하나님을 본받아 거룩하게 산다는 것은, 다른 사람에게 상처 주는 말은, 입 밖에도 내지 말기를 힘쓰고, 오직 덕을 세우는데 필요한 선한 말을 해서, 듣는 이들에게 하나님의 은혜를 끼치도록 힘쓰는 것이다. 왜냐하면 거룩하신 하나님의 성령이 당신 안에 계시기 때문이다.

그러나 만일 당신이 더러운 말을 일삼아서, 듣는 이들에게 상처를 주고, 남을 훼방하여 방해하고 분을 내며, 악독한 말이나 행위를 일삼는다면, 당신 안에 계신 성령께서는 근심하시며 고통스러워 하시고, 마침내 소멸하게 될 수도 있다(살전5: 19).

그리고 거짓말을 하지 말아야 한다. 거짓말을 하는 것은 그 마음속에 사단이 가득하여 그 마음속에 계신 성령을 면전에서 속이는 행위(행5: 3)이다. 이는 당신 자신뿐 아니라 당신 안에 계신, 성령을 속이는 것이므로 하나님을 속이는 것이다. 이와 같은 행위들은 믿지 않는 사람들도 경계하는 행위들이다.

그러므로 모든 악독한 말이나 행위를, 모든 악의와 함께 버리고, 서로 인자하게 대하며, 불쌍히 여기고 용서하기를, 하나님이 그리스도 안에서 당신을 용서하신 것과 같이, 서로 화목을 도모해야 한다. 당신은 성령 안에서, 구속의 그날까지 인치심(소유권)을 받은 하나님의 자녀이기 때문이다.

땅이 비를 잘 흡수하여, 좋은 채소를 많이 내는 옥토가 되면, 그 주인이 복을 받지만, 그러나 가시와 엉겅퀴를 내면, 그 주인에게 버림을 당하고, 저주를 받아 불사름이 되는 것처럼, 당신이 하나님의 은혜로 많은 열매를 맺으면, 하나님께서는 영광을 받으시고, 당신은 하나님께 하늘의 신령한 은혜(영생)를 받는다.

그러나 가시와 엉겅퀴를 낸 땅처럼, 성령을 근심케 하는 생각과 언행을 일삼는다면, 열매를 맺지 못하고 영생유업의 보증을 받을 수 없다(마 12: 31~32).

성경 히6: 4~6은 만일 당신이 죄 사함을 얻어 성령을 선물로 받고, 하나님의 구원의 말씀과 영생의 능력을 맛보고도 타락했다면, 당신은 다시 새롭게 하여 회개케 할 수 없다고, 다음과 같이 경고하고 있다.

히6: 4~6

4] 한번 비췸을 얻고 하늘의 은사를 맛보고 성령에 참예한 바 되고

5] 하나님의 선한 말씀과 내세의 능력을 맛보고

6] 타락한 자들은 다시 새롭게 하여 회개케 할 수 없나니 이는 자기
   가 하나님의 아들을 다시 십자가에 못 박아 현저히 욕을 보임이라

위 본문에서 "비췸"은, 사람들에게 비취는 예수그리스도 안에 있는, 영원한 생명(새 생명:영생구원)이다. 이는 대신 죽으신 하나님의 아들 예수 그리스도를 믿음으로, 영생을 얻는 하나님의 영광스러운 은혜이다. 당신이 이렇게 하나님의 은혜로, 구원의 복 된 진리의 말씀과 영생의 능력을 맛보고도, 만일 그 믿음에서 돌아선다면, 당신을 다시 새롭게하여

회개케 할 수 없다. 이는 하나님의 아들을 다시 십자가에 못 박아, 더 심각하게 모욕하는 일이기 때문이다. 그러므로 성령의 인도하심에 순종해야, 예수 그리스도에 대한 당신의 믿음을 굳게 해서, 구원을 온전히 이룰 수 있다.

❖ 말씀에 합당한 믿음으로 행해야 한다

아래 본문에서 바울 사도는, "누구든지 믿고 구원 얻으면, 하나님 나라에 들어갈 약속을 받은 것이지만, 그러나 혹 교회 공동체의 어떤 사람들 중 일부는, 하나님의 안식(영생)에 이르지 못할 자(거듭나지 못한 자)가 있을까 두렵다."고 했다.

이는 많은 사람들이 하나님의 진리의 말씀을 듣기는 하지만, 그 말씀에 믿음으로 화합하지 않기 때문이다. 다시 말해, 구원의 말씀을 듣고도 믿지 않기 때문에, 회개하지 않음으로 하나님 나라에 들어가지 못한다는 말씀이다.

히4: 1~2

1] 그러므로 우리는 두려워할지니 그의 안식에 들어갈 약속 이 남아 있을지라도 너희 중에 혹 미치지 못할 자가 있을까 함이라

2] 저희와 같이 우리도 복음 전함을 받은 자이나 그러나 그 들은바 말씀이 저희에게 유익되지 못한 것은 듣는 자가 믿음을 화합하지 아니함이라

출애굽한 광야 1세대의 이스라엘 백성들은 하나님의 선민으로서, 젖과 꿀이 흐르는 축복의 땅에 들어갈 약속을 받고도, 그 약속의 말씀을 마음에 새기지 않음(믿지 않음)으로, 그 축복을 이루지 못했다. 이는 마치 혼인을 약속한 배우자가, 그 약속을 믿지 않고 엉뚱한 짓을 하며, 혼인 준비를 하지 않는 것과 같이 미련한 것이다. 그러므로 "하나님 말씀을 들을 때는 믿고 순종해서, 하늘나라 안식에 들어가기를 힘쓰라"고 권면하는 것이다.

육신의 자녀는 그 부모에게 육신의 빚을 진 것임으로, 부모의 말씀에 순종해서 부모의 마음을, 편안하고 즐겁게 해드리는 것으로, 그 부모에게 진 육신의 빚을 조금이나마 보답한다. 그러나 구원 얻은 하나님의 자녀는 하나님 아버지께 영혼의 빚을 진 것이므로, 구원해 주신 은혜에 늘 기뻐하고 감사하며, 이웃에게도 당신을 구원하신 그 복음을 전하는 것이, 하나님께 진 영혼의 빚(구원의 은혜)을 조금이나마 보답하는 것이다.

성령은 구원 얻은 당신을 하나님의 진리의 말씀으로 인도해서, 그 말씀을 지켜 행하게 하시고 또 좋은 열매를 맺게 하신다. 그러나 구원 얻지 못하면 성령이 그 안에 계시지 않음으로, 성령의 인도하심을 알 수 없을 뿐 아니라, 순종할 수도 없으므로 열매를 맺을 수 없다. 그래서 세상 욕망을 따라 살 수밖에 없다.

성경 롬8: 7~9에서 사람이 성령으로가 아니면, 하나님의 법(성령의 법)에 굴복하지 않을 뿐 아니라, 할 수도 없기 때문에, 하나님을 기쁘시게 할 수 없고, 도리어 하나님과 원수가 될 뿐이라고 말씀하고 있다. 당신이 하나님 말씀에 화합하는 것은, 성령의 인도하심에 순종해서, 하나님의 말씀을 지켜 행하기를 힘쓰는 것이며, 이는 또 구원을 온전히 이루어 가는 길이다.

당신이 만일 온전한 구원을 이루기 위해 달려가는 성도라면, 당신이 하늘나라 안식에 이르지 못할 일은 없다. 그러나 만일 말씀을 듣고도 그 말씀에 화합하지 않는다면(믿지 않고 행하지 않으면), 당신은 하나님 나라에 들어갈 약속을 받은 것이라고 할 수는 없다.

당신이 구원 얻은 증거는 무엇인가? 그것은 하나님께서 약속하신 대로, 죄 사함을 얻고 구원 얻은 당신에게, 예수님 대신 또 다른 보혜사 이신 성령을 보내주신 것이다. 이로 인하여 당신은, 회개에 합당한 열매를 맺어 하나님께 영광 돌리는, 주님의 제자가 되어 그의 증인으로 살아갈 수 있게 된 것이다.

어떤 이들은, 구원 얻으면 하나님 말씀을 믿고 행하는 것과 관계 없이(불순종), 무조건 하늘나라 안식에 들어갈 수 있다고 주장하는 이들이 있다. 그래서 그들은 "나는 구원 얻었기 때문에, 죄를 지어도 천국에 갈 수 있다."며, 자신의 죄를 합리화하려고 한다. 이는 그가 아직 거듭 나지 않았기 때문이다.

만일 당신이, 하나님의 긍휼과 자비로 구원의 은혜를 입었다면, 당신 은 하나님께 불순종하고, 죄를 지으며 제멋대로 살려고 하지는 않을 것이다. 당신이 거듭나서 구원 얻었다는 것은, 죄에 대하여는 죽고 하나님을 향해 살려는 것이기 때문이다.

맺는말

신랑을 기다리는 신부의 성령 충만

당신이 육신의 장막을 입고 있는 동안, 당신의 신랑이신 주님을 맞이할 준비를 하지 않으면, 주께서 공중으로 오실 때 당신은 그를 영접할 수 없다. 신랑이신 주께서, 신부인 당신을 데려가기 위해 공중에 오실 때, 당신의 썩어 없어질 육체가 썩지 않을 육체로, 홀연히 변화되는 것 (부활)은 성령으로만 가능하다. 그러므로 당신은 항상 성령으로 충만해 있어야 한다.

당신이 성령으로 충만한 상태를 유지해야, 기름을 준비한 슬기 있는 처녀들처럼, 세상 정욕을 버리고 평소에 주님을 맞이할 준비를 할 수 있기 때문이다. 당신이 이와 같이 준비할 때, 당신의 삶의 현장에서는 회개의 열매가 맺어지고, 하나님께서는 영광을 받으신다. 이 열매는 당신이 세상에서, 예수를 믿는 믿음으로 빛과 소금이 되어, 이웃과 서로 사랑을 나눌 때 나타나는 예수 향기다.

주께서 말씀하신 이 사랑을 나누는 일은, 성령 충만해야 할 수 있는 믿음의 행위다. 그러므로 주님 맞을 준비를 하기 위해서는, 성령 충만(기름 준비, 믿음)을 유지하는 것이 무엇보다 필요하다.

오늘날 교회 공동체의 구성원들이, 신앙과 일상생활이 일치하지 않고, 이중적 삶의 태도를 취하며, 갈등과 고민에서 벗어나지 못하는 까닭은, 그 마음이 말씀으로 새롭게 변화를 받지 않았기 때문이다.

그러나 만일 당신이, 예수 그리스도를 믿고 구원 얻으면, 성령으로 그 마음을 새롭게 변화를 받게 되고, 하나님께서 주신 믿음의 분량대로, 지혜롭게 생각할 수 있게 된다. 이로 인하여 마땅히, 당신 분수(믿음)에 맞는 생각과 처신(말, 행동)을 하도록 인도를 받게 되고, 그 결과 하나님의 뜻이 무엇인지 분별할 수 있게 된다. 이는 성령께서 당신을 그렇게 인도하시기 때문이다.

또 다른 보혜사이신 성령께서는, 신랑을 기다리는 신부인 당신과 영원토록 함께 계시면서, 예수님을 전하는 증인의 사명을 감당하게 하시고, 또 당신 마음속에 계시면서, 하나님의 뜻이 무엇인지 분별해서, 회개에 합당한 열매를 맺도록 인도하신다.

신랑이신 주님은, 마지막 때 심판주로 반드시 다시 오실 것이다. 그러므로 당신은 기름을 준비한 슬기 있는 처녀들처럼, 성령으로 충만해야 그 준비를 할 수 있다.